丛书主编：柳鸣九
名誉主编：陈众议 许钧
本辑编委：余中先

孤独漫步者的遐想

Jean-Jacques Rousseau

［法］
让-雅克·卢梭
著

余中先
译

图书在版编目（CIP）数据

孤独漫步者的遐想／（法）让－雅克·卢梭著；余中先译.—北京：中央编译出版社，2019.6
ISBN 978-7-5117-3509-6

Ⅰ．①孤⋯
Ⅱ．①让⋯ ②余⋯
Ⅲ．①散文集－法国－近代
Ⅳ．①I565.64

中国版本图书馆 CIP 数据核字（2019）第 075137 号

孤独漫步者的遐想

出 版 人：	葛海彦
出版统筹：	贾宇琰
策划编辑：	贾宇琰　王　琳
责任编辑：	景淑娥
责任印制：	刘　慧
出版发行：	中央编译出版社
地　　址：	北京西城区车公庄大街乙5号鸿儒大厦B座（100044）
电　　话：	（010）52612345（总编室）　　（010）52612341（编辑室） （010）52612316（发行部）　　（010）52612346（馆配部）
传　　真：	（010）66515838
经　　销：	全国新华书店
印　　刷：	北京时捷印刷有限公司
开　　本：	850毫米×1168毫米　1/32
字　　数：	112千字
印　　张：	5.625
版　　次：	2019年6月第1版
印　　次：	2019年6月第1次印刷
定　　价：	32.00元
网　　址：	www.cctphome.com　　邮　箱：cctp@cctphome.com
新浪微博：	@中央编译出版社
微　　信：	中央编译出版社（ID: cctphome）
淘宝店铺：	中央编译出版社直销店（http://shop108367160.taobao.com） （010）55626985

本社常年法律顾问：北京市吴栾赵阎律师事务所律师　闫军　梁勤
凡有印装质量问题，本社负责调换，电话：（010）55626985

《卢梭肖像》,格奥尔格·弗里德里希·迈耶,1778

《卢梭的植物学图册》插图,勒杜戴,1805

《卢梭的植物学图册》插图,勒杜戴,1805

《让-雅克·卢梭在里昂附近的拉罗什科尔东公园中沉思》
亚历山大-亚森特·杜诺侬,约 1770

目录

丛书总序……………………………………… 001

译者序………………………………………… 003

漫步之一……………………………………… 009

漫步之二……………………………………… 019

漫步之三……………………………………… 033

漫步之四……………………………………… 053

漫步之五……………………………………… 077

漫步之六……………………………………… 093

漫步之七……………………………………… 109

漫步之八……………………………………… 131

漫步之九……………………………………… 147

漫步之十……………………………………… 167

丛书总序

余中先

自古以来,人类大抵是敬畏自然的,视自然为至高无上的神的某种产物。而自欧洲文艺复兴兴起,以人为本的人文主义思潮开始质疑万能的造物主,尝试让思想摆脱神权的束缚。同时,随着社会生产力的发展,有了大规模建设现代工业社会的条件和实践。然而,现代社会的急速发展同时也带来人与自然关系的某些变化,人类不甘心于再跟早先一样敬畏自然,而要征服自然。一些有识之士则看得更透更远,他们认识到工业化与现代社会带来的种种弊病,如生态的破坏,劳动者被机器奴役,人的某种异化,等等,更期望从某种形式的征服自然走向顺应自然,建立人与自然的一种新的和谐关系。

从西方文学来看,人与自然之间的关系也历来是各种文学中一个具有永恒探讨价值的主题。自人文主义与启蒙思潮以降,一些作家的笔下大量展示出绿色的自然界:他们"漫步"于种种的"乌托邦"、种种引人入胜的"湖畔",他们寄情于"园圃"或"磨坊",他们"遐想"中的理想国不存在人与人、人与社会之间的冲突或矛盾，也没有喧嚣的城市生活或可恶的工业污染，在那里，人类真正到达了一种理想的境界，人与自然的关系达到了一种完美的融合。

可喜的是，当今，许多作家的作品已经批判了人类中心主义、征服和统治自然观、发展至上论、物质主义、消费主义等思想观念，对破坏生态平衡的所谓自然改造等诸多思想、文化、社会现象提出了严厉批判。甚至，还出现了一类专门以生态思想和生态视角为特点的文学。早先，描写自然的文学大都把自然仅仅当作符号、手段、对应物等，来抒发、表现、暗示、象征人的内心和人格特征。而新一类的生态文学，则从根本上反对纯功利地、纯工具化地对待自然，它更重视人对自然的义务，把人对自然的责任作为作品的主要伦理取向。这样的作品或向往神话时代初民们的生存状态，或羡慕所谓未开化民族与自然万物融为一体的宇宙观，或描写身体力行地隐居于自然山水之中的现代人，总之一句话：回归自然，走向绿色。

这种对绿色的追求和理想，既反映出了人在自然中和社会中的主体意识，也考虑到了人在自然世界中的种种局限；既符合人性的本能需要，又有助于人类的生活朝向健康合理的方向发展；因而，是一种更为完整意识上的"人文主义"。它前所未有地认识到了人在宇宙中的有限地位，以及"有所作为"与"有所不为"的相对努力程度。

但愿本集"小绿书"能为这一类文学增添文学史上经典作家的几个样本。更期望以绿色为特色的文学伴随人类在与自然的和谐关系中走向新的历程。

译者序

卢梭的《孤独漫步者的遐想》是《忏悔录》和《对话录：卢梭论让-雅克》的续篇，在法国自传文学的历史上占据了重要地位。我无意在此具体地分析这部作品的主题、思想、风格等，只想简要交代一下作品产生的种种缘由，包括作者当时亲历的处境，以及他的一些切实感受。

《孤独漫步者的遐想》写于卢梭的生平中最为动荡不安的一段时间，即在巴黎生活期间的1776年秋到1778年4月这一段。

1762年6月8日是卢梭一生中一个重大转折点。是夜，卢梭从睡梦中被人叫醒。他得到通报，巴黎最高法院将于次日下令，查禁他十多天前出版的《爱弥儿》并逮捕他。翌日下午，卢梭只身出走，逃离法国，开始他长达八年的流亡。他先在瑞士伯尔尼邦的伊弗东暂住，得知日内瓦小议会也已下令查禁他的《社会契约论》和《爱弥儿》，并通缉作为作者的他。伯尔尼当局接着下令将卢梭逐出辖区。当年7月，卢梭被迫迁居普鲁士国王治下的讷夏泰勒邦的莫蒂埃村，在那里一住便是三年零两个月。1765年9月6日夜间，一群不明身份者向卢梭住宅投掷石块，卢梭再度被迫迁往附近的圣皮埃尔岛。但他在岛上仅仅住了六个星期，又被伯尔尼邦小议会逐出。卢梭离岛后，经斯特拉斯堡、巴黎等地，到英国寄住在休谟家中。一年后，于1767年5月回到法国，又辗转各地避难，直到1770年6月才重返巴黎。

卢梭寄居莫蒂埃村期间，日内瓦在通缉卢梭的问题上意见分歧。一些人认为通缉令违反教会法，起来保卫卢梭。掌握行政权的小议会坚持迫害卢梭。小议会检察长特龙尚1763年秋发表《乡间来信》，为议会对卢梭的迫害行为辩护。卢梭则针锋相对，在次年12月发表《山中来信》作为答辩。此书发表未及十日，日内瓦就出现了以《公民们的感想》为题的一本匿名小册子，揭露卢梭抛弃几个亲生孩子，并以恶言对卢梭作了人身攻击。这份谤书出自伏尔泰之手。卢梭眼看自己生前身后的名声将遭玷污，为使世人认识他的真正面目，决心撰写《忏悔录》。

《忏悔录》于1766年3月开始写，约于1770年年底完稿于巴黎，记载了卢梭从出生到1766年半个多世纪的生平经历。写完《忏悔录》后，卢梭依然担心后人对他的生平不能有一个完整印象，又在1772年至1775年间写了三则长篇对话，是为《对话录：卢梭论让-雅克》（在他去世后的1780年发表）。对话在一个法国人跟卢梭之间进行。这个法国人从未读过卢梭的作品，但盲目接受卢梭的宿敌伏尔泰、格里姆、霍尔巴赫等所塑造的卢梭形象。此作充分展示了卢梭心中那种遭世人一致迫害的感觉。卢梭担心该作手稿落入敌手，就在1776年2月下旬携往巴黎圣母院，想把它藏进主祭坛中，但发现祭坛栅栏紧闭未开,便将此书摘要誊写多份,在街上散发,但无人接受。

从1760年起,卢梭一直住在巴黎石膏窑街(今让-雅克·卢梭街)一个叫"圣灵旅馆"五层楼上的简朴小套间里,几乎每天都在巴黎近郊乡野作长时间漫步。他把自己从1776年至1778年春两年中漫步时的种种遐想笔之于书,共得十篇(九篇加一残篇),即这部《孤独漫步者的遐想》,在其辞世后于1782年首次出版。

应该说,十篇《漫步者遐想》没有预定的次序,并不构成一个严谨的整体。《漫步之一》交代了作者写作时的精神状态以及作品主旨:他不再像写《对话录》时那样想用辩解来说服读者,而是对自己内心作分析解剖。《漫步之二》记述1776年10月被一条狂奔的大狗撞倒晕过去的那次事故。作者想象人们在他死后对他的态度,对自己被世人理解的可能性失去最后希望。《漫步之三》讲他如何早早就下定决心,一到四十岁便摆脱社交生活,开始清贫的隐遁生活,到晚年不再求知学习,而只探索自己的内心。《漫步之四》论辩了什么是谎言。《漫步之五》回忆了他在圣皮埃尔岛上自由自在的生活,感慨那才是真正幸福的境界。《漫步之六》讲他和一个小瘸子的一段故事,说明他生来不能容忍为生活所迫必须忍受的束缚,因此天性上就与所谓的文明社会格格不入。《漫步之七》回顾了植物标本采集如何给他带来乐趣,而与大自然的融合又如何使他忘记了迫害者。《漫步之八》检讨了他的自尊心,正是这种自尊心让他内心不得宁静。《漫步之九》试图说明他把自己的孩子送进育婴堂的原因,并驳斥人们指责他仇视孩子的说法。《漫步之十》则是对华伦夫人的追思,以及对跟她短暂的共同生活的美好回忆。不过,这一篇才写了两页,卢梭就应吉拉丹侯爵之邀,于1778年5月20日离开巴黎,迁居到侯爵在巴黎远郊埃尔姆农维尔的产业。当年7月2日,卢梭在那里猝然辞世。这篇《漫步之十》也就一直没能完成。

在这十篇《孤独漫步者的遐想》中,卢梭继续《忏悔录》和《对话录》中的话题,认为自己遭到了世人的迫害和误解,一再为自己的清白无辜辩解,字里行间,不仅时时透出逃避社会的孤独感觉,更是处处找机会为自己撇清。

应该说,卢梭受迫害是一种客观事实。但他的迫害者是谁?我们认为更多的是法国和瑞士的政府、教会、司法制度。他的《论人类不平等的起源和基础》和《社会契约论》批判了社会的不平等和奴役,讴歌人人生而平等,这当然遭到专制当局的憎恨。《爱弥儿》一书的查禁仅仅是法国当局对他公开迫害的开始,而卢梭在1767年从英国回到法国后,还一直处在当局的追捕中。后来,当卢梭作了不再发表危险作品的保证而得以进入巴黎后,警察当局对他的监视也始终未断。

迫害他的还有教会。卢梭是自然神论者,他那种非正统的神学观点,遭到天主教和新教的共同反对。尤其是,卢梭虽宣称尊重宗教,却在《爱弥儿》等作品中批评教士是专制政体的支柱,对他们表示了憎恨。法国的天主教教会和瑞士的新教教会都意识到卢梭宗教思想的危险性,于是竞相焚毁卢梭的作品。

当然，在卢梭心中，他的主要敌人还是百科全书派的不少思想家、哲学家、文学家，是他在同一"启蒙"营垒中的友军。伏尔泰、狄德罗、格里姆、霍尔巴赫等人同卢梭之间的分歧，有思想意识方面的，也有生活方式方面的。我们知道，卢梭因为与"百科全书派"人士即自己的同路人格格不入，后来辞去了在城市中的一些职务，摆脱了上流社会，隐居乡间，过着清贫而独立的生活。在流亡和隐居生活中，卢梭还时不时地感到来自百科全书派人士的"迫害"。这里所说的"迫害"，有的是事实，有的却是卢梭单方面的猜测。前者，如伏尔泰写的那篇匿名谤文《公民们的感想》就发表在卢梭颠沛流离之时，文中甚至要求对卢梭处以极刑。而格里姆也对卢梭恨透了，在卢梭与早先友人的交恶中施行过挑拨离间的伎俩。而后者，则应该归于卢梭头脑中"被迫害狂"式的精神错乱。例如卢梭对负责出版他《爱弥儿》的卢森堡元帅夫人，对邀请他前往英国小住的休谟，都看成是心怀鬼胎的小人，把他们的种种好意看成充满阴谋的圈套。

话又说回来，无论如何，《孤独漫步者的遐想》跟卢梭的其他一些文学作品一样，具有鲜明的特色。他崇尚自我，抒发感情，热爱自然，被公认为十九世纪欧洲浪漫主义文学的先驱。这些特色在本书中表现得比在他的任何其他作品中都更突出。这部作品中的卢梭，是老年的卢梭，是总结自己一生后对自己更有了自知之明的卢梭，也是处于最纯真状态中的卢梭。我们在这部作品中可以看到卢梭的淳朴、真诚，以及摆脱了种种激情后的睿智。《孤独漫步者的遐想》的魅力恐怕正在于此。

本译本根据 1959 年巴黎伽里玛出版社"七星丛书"的《卢梭全集》卷一 (*Jean-Jacques Rousseau: Oeuvres complètes, tome 1, Gallimard, Pléiade*) 译出。注释为译者所加。

余中先

2018 年 12 月 11 日修改完于厦门大学敬贤公寓

漫步之一

如今我孑然一身，再没有了兄弟，再没有了亲朋，只剩孤身一人，独立于大地之上。本是人类中最善交际最有亲和力的人，却被世人众口一词地放逐在外。他们在仇恨的心底悉心寻找，执意觅得种种方法，对我敏感的心灵能有最残忍的折磨，他们狠狠地粉碎了把我跟他们系在一起的所有纽带。尽管世人如此作孽，我依然会爱着他们。他们唯有停止为人，才能躲避我的这一情感。然而，对于我，他们终究成了异邦人，陌路人，一无是处，既然他们一意孤行，非要如此。但是我，摆脱了他们以及一切之后，我自己还剩什么呢？这正是我要探寻的。不幸的是，在这一探索之前，首先得对我的处境投去一瞥。我绝对必须经过这么一番考量，才能从他们走向我自己。

我处于这一奇特的情境已有十五年多了，至今，它对我还像是一个梦。我始终还在想象，那只是肠胃中一种不消化的积食在折腾我，让我睡得那般不安稳，而我将会醒来，重新跟我的朋友们待在一起，轻松地摆脱那种难受。是的，毫无疑问，我肯定是不知不觉地那样做了，从觉醒坠入了睡眠，或者不如说从生命坠入了死亡。我也不知道是如何被牵拉出了世间万物的秩序，匆匆奔向了一种无法理解的混沌之中，混沌中我什么都没发觉；而我越是想到目前的处境，就越是无法明白我究竟在哪里。

哎！我又怎能早早预见正等待着我的命运？我又怎能设想它呢，既然我今天冷不丁地遭遇了它？那时，我怎能以常理来猜想，我这个始终老样子的人，无论过去还是现在都始终如一的人，有朝一日会变成，会毫无疑问地被看作一个魔怪，一个下毒者，一个杀人者，我会成为人类的祸害，无赖的玩具，我能想得到吗，过路人打给我的招呼只会是朝我吐痰，整整一代人都想法一致，要闹着玩似的把我给活埋了？当这一奇特的变故发生时，我根本就猝不及防，一下子便被震撼了。我的烦躁，我的愤怒，让我一下子陷入一种谵妄中，长达十年之久，难以自拔，而在这个阶段中，我一错再错，一误再误，一傻再傻，冒冒失失地为操纵我命运的人提供了那么多武器，让他们灵活自如地运用，终使我死死地凝定在万劫不复的可悲命运中。

我久久地苦苦挣扎，但无济于事。没有机谋，没有技巧，没有城府，没有谨慎，我直率，坦荡，焦躁，性急，无谓地挣扎，结果只是在泥潭中越陷越深，不断地给他们提供新的把柄，而他们对此是绝不会放过的。最终，我感到，我的一切努力全都白费了，我纯粹是在无望地折磨自己，于是便下定决心，屈从于我的命运，不再反抗必然性，我想，这恐怕是我唯一还能做的事了。我在这一顺从中发现了对我所有痛苦的补偿，它为我带来心灵的安宁，而这安宁，则是一种艰难而又无果的持续抵抗所无法为我提供的。

另一件事也促成了这一安宁。我的那些迫害者，在其过分讲究精细的仇恨中忽略了一点，是敌意让他们忘记它的；那就是，必须永远给我以某种新的打击，来不断维持和更新我的痛苦，从而加强迫害的效果。如若他们还懂得要个计谋，给我留一点某种希望的微光，那他们就依然能把我稳住在那里。他们只要设下小小的圈套，就依然能把我玩弄于股掌之间，然后，以一种全新的折磨，让我苦苦等待，归于失望，陷入绝望。但他们一开头就预先穷尽了所有的计谋；他们什么都没给我留，同时也就对他们自己剥夺了一切。造谣，诽谤，嘲讽，羞辱，他们全都施加到了我身上，可谓无所不用其极，难以再有缓解；结果我们全都一样，全都无能为力，在他们，无法再更严酷，而在我，则无法逃避。他们是如此迫切，要让我的痛苦达到顶峰，就算穷尽整个的人类强力，再加上地狱的所有狡猾手段，恐怕也无法再增添什么了。然而，肉体的痛苦本身，非但不能增加我的苦难，反而让我解闷散心。它兴许会让我大声尖叫，却免除了我的苦苦呻吟，而我肌肤的疼痛撕裂则悬置了我内心的创伤。

既然一切都已成定局，那我对他们又有什么好害怕的呢？既然我的状态再坏也坏不到哪里去，他们也就不会再引起我的恐慌。不安与惊慌的痛苦，他们已经为我一劳永逸地解脱了：这一点始终是一种慰藉。现实的痛苦对我无足轻重；我能轻松地承受我所遭受的痛苦，但不能承受我所担忧的痛苦。我那惊弓之鸟般的想象力翻来覆去地串联它们，掂量它们，展示它们，增加它们。对它们的遥遥等待比起它们的实际在场来，带给我的折磨要大上一百倍，对于我，潜在的威胁要比现实的打击可怕得多。一旦灾祸来临，事件本身便赤裸裸地剥夺了想象的成分，让它们局限于本身固有价值所在。那时候，我发现它们比我当初设想它们时要少得多，即便在最痛苦之际，我甚至都会感觉到一丝轻松。在这一状态下，我挣脱了任何新的恐惧，从期待的焦虑中解脱出，唯一的习惯足以让我变得一天比一天更能忍受一种已糟得不能再糟的情境，随着情感因时日的持续而渐渐衰退，他们也就再无法让它活跃起来。这就是我的迫害者们想不到的，他们使出浑身解数来仇视我，却不料因此给我带来了好处。他们再也为难不了我，从此，我尽可以嘲笑他们了。

一种彻底的宁静回到我的心中还不到整整两个月。很久以来，我什么都不再害怕，但我仍还在希望，而这种时而得到安慰时而又被剥夺的希望，正是一种诱饵，通过它，千万种不同的激情不断地摇撼着我。然而，一件既忧伤又意外的事1，最终还是从我心中抹除了这道微弱的希望之光，让我看清了我万劫不复的命运。从此，我就乖乖地听天由命，重归于心灵的宁静。

一旦我开始瞥见命运之网中处处显露的阴谋苗头，我就

---

1 这里指的应该就是作者在"漫步之二"中描述的那次事故，一条大胖丹麦狗把卢梭撞翻在地，害得他差一点被马车碾压。（本书脚注如无特殊说明，均为译者注。）

一劳永逸地丢弃了要在有生之年把公众重新拉回到我这边来的念头，而即便会有这一回归，从此于我也根本无用，因为它无法建立在互相信任的基础上。纵使人们能回来，那也枉然，他们再也找不到我了。他们在我心中激起的只有鄙夷，跟他们打交道，我只觉得味同嚼蜡，徒增负担，而我在孤独中，会比跟他们生活在一起更幸福一百倍。他们从我心中抢走了社会交往的所有温柔感。那样的温柔在我这年纪恐怕永远都无法再萌芽了；太晚了。无论他们今后对我做什么，是行善还是作恶，一切于我全都无所谓了，我的同时代人于我将永远毫无意义。

但是，我对未来一直还抱有幻想，我希望未来的一代人会更好，他们将具有更好的鉴赏力，对我的判断会更合理，待我的态度也会更好，他们会轻而易举地识别那些掌控舆论者的阴谋诡计，并能最终看清我的原本面貌。正是这样的一种希望使我写下了《对话录》[1]，并使我产生了千百个疯狂的欲望，要让这作品流传到后代[2]。这一希望，尽管遥远渺茫，却像当年我在世纪中寻找一颗正直的心那样，让我心潮激荡，我虽已把种种希望远远地扔到身后，它们却依然让我成为今日人们的戏弄对象。我在《对话录》中说过我的这种期待建立在什么基础上。我弄错了。不过幸亏我及时感悟到了这一点，

---

1 指《对话录：卢梭论让-雅克》（*Rousseau juge de Jean-Jacques*）三篇，1772年开始写作，1775年完成。

2 1776年2月24日，卢梭企图将这部作品的手稿藏进巴黎圣母院的主祭坛中，未果；后来又将此书的内容摘要抄写多份，在街上散发。

来得及在我生命最后一刻之前找到一段彻底宁静与绝对憩息的时光。这段时光开始于我说过的那一阶段,而我有理由相信,它将不会再中断了。

我原本指望,迟早会有那么一天,哪怕是在另一个年代,公众将会回心转意,但几乎没有一天不会生出种种新想法,来证实我原本是错了;既然影响公众判断的是那样一伙对我始终表示出强烈憎恶的向导,尽管在团体中他们的个体总是在不断变动。个体的人会死去,但集体的团伙是根本不死的。相同的激情永远延续在团体中,而他们的强烈仇恨,如同启迪了仇恨的恶魔那样永远不死,始终具有同样的活力。等到我所有的仇敌死去后,那些心灵医生[1],那些奥拉托利会修士[2]还将活下去,而即便当我的迫害者只剩下这两个团伙时,我也应该确信,等我死后,他们在我的记忆中也不会留下更多的安宁,反正不会比在我生前给我本人留下的安宁更多。兴许,随着时间的推移,那些我真正冒犯过的心灵医生,他们会消停下来:但是我曾喜爱过、尊敬过、十分信任过的奥拉托利会修士,我从未冒犯过的奥拉托利会修士,这些半为僧侣的教会人士,将永远都不会善罢甘休;他们自身的极不公道倒成了我的罪恶,他们的自尊心决定了他们对我的永不饶恕,而他们不遗余力地拉拢和鼓动的公众,也不会比他们

---

[1] "心灵医生",原文为"médecin",当指"médecin des âmes"(心灵之医生),即"神甫"。

[2] 原文为"oratorien",这是天主教会的一个修会,18世纪建于罗马。

更倾向于停歇对我的敌意。

人世间的一切于我都已结束。人们不能再给我带来欢乐或是痛苦了。在这世上，我再没有什么可希望的，也没有什么可畏惧了，我就这样安安静静地待在深渊中，我这不幸而又可怜的凡夫俗子，但我像上帝一样无动于衷。

从此，一切身外之物皆与我不相干。在这世上，我再也没有了亲人，没有了同类，没有了兄弟。我在大地如同在一颗陌生的行星上，我只是从原本居住的星球上偶尔跌落在那里而已。假如我辨认出了身边的某事某物，那也只不过是一些让我心痛让我心碎的物件，而在我周遭，目光所落之处，总是不免会碰上某种让我蔑视让我愤怒的对象，或是某种给我带来恼怒的痛苦。因此，还是让我远远躲开所有那些难以忍受的对象吧，跟它们打交道实在是太痛苦，也太白费劲了。我的余生注定要在孤独中度过，因为我只能在我自己心中找到慰藉、希望与和平，我应该而愿意照顾的，从此只是我自己。正是在这一状态下，我重又接着作以往被我称作我的《忏悔录》的那种严肃而又真诚的内心自省。我把我最后的时光用来研究我自身,提前预备好一份我本不会拖延太久的清单，好好盘点我的一生。就让我全身心地投入到与我心灵对话的温柔之中去吧，既然它是我唯一不能被人剥夺的东西。假如，通过对内心的反省，我能成功地把它们整理得有条有理，并平复可能存在的痛苦，那我的沉思就将不会完全无用，而尽管我在这世上一无所成，我好歹也不会彻底浪费我最后的时日。我每日间消闲的漫步常常充满了魅力无穷的遐想，但可惜的是，我对它们的回忆大多已经丢失。通过写作，我将把那些还能来到我心中的回忆遐想固定于笔下纸上；每次重读它们时，都将给我带来无尽的享受。一想到我的心灵值得拥有的这份褒奖，我就将忘却我的不幸，我的迫害者，我的耻辱。

准确地说，这些书稿将只是我种种遐想的一种不成形的日记。其中相当一部分思考是关于我自己的，因为一个爱沉思的孤独者必然更多地关注他自己。另外，漫步时在我脑子中掠过的所有那些奇怪念头，在此同样也有它们的位子。我将说出我当时之所想，完全就如它们来到我脑子里的原样，很少有前因后果的联系，全然不像头一天的想法跟后一天的想法通常都会有所关联。但是，我每日里都会对我的种种情感与想法作一些反思，在我所处的奇特状态中，这成了我日常的精神食粮，而通过这般反思，也总是会产生对我天性和脾气的一种新认识。因此，这些书稿可被看作我《忏悔录》的一种附录，但我不会再给它们什么题目了，因为我感觉再没有什么值得一说了。我的心在逆境厄运的锤炼中得到了净化，只是在仔细探测之下，我在其中才勉强发现该受指摘的陈习旧规的一丝丝遗迹。当人间的所有情感都被剥夺得荡然无存时，我还有什么要忏悔的吗？我本没有什么可炫耀的，同样也没有什么可自责的：从此，在人们中间，我将一无是处，我所能做的也莫过于此，跟他们再无实在的联系，再无真正的交往。再不能想行善而最终不至于转向作恶，再不能有所作为而不伤及他人或自身，克制成为了我唯一该做的事，我会履行这份职责，因它始终就在我心中。但是，在躯体的这种懈怠中，我的心灵依然是积极的，它依然在产生情感，产生思想，它内在的精神生命似乎还因了任何尘世的、暂时的趣味的死亡而在增强。我的肉体对于我只是一种拖累，一个障碍，我竭尽所能地想提前摆脱它。

一种如此奇特的境遇确实值得好好检验，好好描绘，而我最后时日的余暇，正是奉献给了这一研究。为了做得有所成就，就必须讲究一下秩序与方法：但是我根本驾驭不了这样的工作，更何况它跟我的初衷有些背道而驰，因为我原本的想法是弄清我心灵的种种变化，以及它们的来龙去脉。我将对我自己做某种类似于物理学家为了解气象情况而对空气所做的试验。我会对我的心灵使用测压计，而这些安排得当并长期重复的试验，完全可能为我带来与物理学家的试验同样确信的效果。但是我并没有把我的工程做到那个份上。我将满足于把实验过程忠实地记录下来，而并不寻求对它们作系统的归纳。我做的是跟蒙田[1]一样的事，但我的目的却跟他完全相反：因为他的随笔只是为别人写，而我的这些遐想则只为我自己而写。如果说，到了我垂垂老矣行将归天的日子，我还如我希望的那样，依然停留在原先的状态中，那么，读到它们就会使我想到我当初动笔写下它们时心中体会的那种温柔，而通过如此重温过去的时光，可以说，我的存在就将获得成倍的延长。无论别人会如何待我，我将依然品味到与

---

[1] 蒙田(1533—1592)，法国文艺复兴时期的思想家、散文家，著有《随笔集》，开创了文学史上"随笔"（essais）这一写作文类。

人交往的魅力，我将在耄耋之年牢牢守定活在另一年代中的我，恰如我就跟一个不那么老的朋友在一起生活。

当初写下《忏悔录》和《对话录》时，我始终忧心忡忡，总在想方设法让它们逃脱我那些迫害者的毒手，如若有可能，还想让它们留传于后世。而在写眼前这些文字时，我就不再有同样的焦虑之心了，我知道，它总归是一种杞人忧天，而想要更好地被人理解的渴望，已在我的心中熄灭，尚存的只有一种深切的无动于衷，无动于衷地对待我真正作品的命运，对待能还我以清白的历史丰碑，而那些历史丰碑，也许，早已全被彻底毁掉了。随他们去窥伺我的行为吧，随他们去关注这些文稿好了，随他们去抢夺，去删除，去篡改好了，所有这一切从此于我都无所谓了。我既不会偷偷隐藏它们，也不会贸然展示它们。假如有人在我生前把它们抢走，那他们也剥夺不了我写下它们时的愉悦，还有我对它们内容的回忆，更剥夺不了我那些孤独的沉思，要知道，那些文字都是沉思的成果，而这沉思的源泉只会随着我的心灵一起枯竭。假如从我一开始的不幸起，我就懂得决不向命运抗争的道理，乖乖作出我今天才作出的决定，那么，那些人的所有努力，他们所有骇人听闻的伎俩，就会对我毫无效果，他们也就无法以种种阴谋诡计来打扰我的清静，而他们后来即便阴谋得逞，也同样无法打破我生活的清静；就让他们尽情嘲笑我的耻辱好了，他们将根本无法阻止我享受我的清白无辜，无论他们怎样做，我都会在平和中安度我的余生。

漫步之二

于是,我制订了计划,要描绘出我的心灵在一个凡夫俗子所能找到的最奇特境地中的习惯状态,除了保持对我孤独的漫步以及漫步中充盈的遐想作一种忠实的记录,我看不到还有任何更简单、更稳妥的方法来实施这一计划,因为只有在漫步中,我才能让我的头脑彻底自由,让我的思想毫无阻拦,毫无抵挡,飞流直下。那些孤独与沉思的时刻,是我一天中全身心地自在自为,毫无牵挂,毫无障碍,真正说得上天性使然的唯一时刻。

我很快就意识到,这一计划的实施,我实在是拖延得太迟了。我的想象已不再像往昔那样活力四射,对感兴趣的话题也不再才思横溢,激情如火了,我已经不那么着迷于狂热与遐想;从此,在想象力的生产中,更多的是依稀的回忆,而不是崭新的创造了,一种温吞吞的倦怠减弱了我所有的才能,生命的灵光在我心中渐渐地熄灭;我的心灵还在艰难地冲击着它衰朽的皮囊,但已很难脱颖而出了,对心中曾有过的理想境界,我早已丧失了希望,当初希冀的那一切全都化为了泡影,如今,我恐怕得依靠回忆才能苟延残喘了。因此,为了能在我离世之前好好地注视我自己,就得至少上溯好几年时光，来到那样一个时刻，那时，我丧失了此生此世的一切希望，在大地上再也找不到心灵的食粮，渐渐地习惯于用自身的原料来滋养心灵，在我的内心中寻觅它的所有养料。

这一源泉，我发现得实在是太迟了，幸而它是那么丰富，足以弥补我的一切损失。回归于自我的习惯，使我最终丧失了痛苦感，还几乎丢失了对我痛苦的回忆，我以自己的亲身体验认识到，真正幸福的源泉原本就在我们心中，谁若想让一个真正希望成为幸福者的人陷于困境，根本就不是他们这些旁人说了算的，此事绝不取决于他人。这四五年以来，我习惯性地品味到那些充满爱与温柔的心灵在沉思中找到的内心愉悦。我独自一人漫步时常常体验到的这些喜悦，这些陶醉，我还真应该拜我的迫害者所赐：若是没有他们，我兴许根本无从找到和认识我自身拥有的财宝。身处如此丰厚的财富之中，我又如何作一种忠实的记录呢？为让我回想起如此多的温柔遐想，我就又一次坠落于梦境之中，而不是去描绘它们。这样一种状态是由回忆所带来的，一旦彻底停止感受它，人们也就马上不再认识它了。

在随我《忏悔录》的续篇写作计划而来的那些漫步中，我真切地体验到了这一效果，尤其是在我马上要讲到的那次漫步中，那一次，一个意外的事故切断了我的思绪之线，一时间里给我的思维之流提供了另一个流向。

那是在1776年10月24日，一个星期四，晚饭后，我沿着那几条林荫大道一直走向绿径街，再从那里走上美尼尔蒙当高地，从高地，我进入小径，经由葡萄园和草场，一直走到夏洛那一带，一路穿越了两个村庄之间的漂亮美景，然后我拐了一个弯，走了另外一条路，但还是经由同样的草场，返回原地[1]。我怀着怡人的美景总会给予我的那种喜悦与兴趣，兴致盎然地一路走回，还不时停下脚步，仔细观赏绿地中的植物。我发现，有两种植物我平时在巴黎周围很少看到，而在这个小村却异常茂盛。一种是属于菊科的毛连菜，另一种则是伞形科的三岛柴胡。这一发现让我兴奋不已，开心了好长时间，最终我还发现了另一种更罕见的，尤其是在地势偏高的地带十分罕见的植物，那便是水生卷耳，尽管同一天里发生了那起事故，我还是采集了一株水生卷耳，夹在了我随身携带的一本书中，后来还收进了我的植物标本集。

我后来又仔细地浏览了其他好几种依然开着花的植物，它们的样貌和类别我还是比较熟悉的，不管怎么说，观赏还是给我带来几分愉悦，最后，我渐渐地离开了这些细微的观察，投入到这一切带给我的那种不乏愉悦同时又更为动人的感觉中。几天前，葡萄收摘已告完毕；城里的漫步者早已告退；农民们也离开了农田，要一直等到冬季农作的开工。乡野依然一片绿莹莹，笑吟吟，但有些地方林木已经凋零，几近荒凉，四处显出一种孤单落寞和冬季迫临的形象。这番景象，给人一种混杂了甜美与忧伤的感觉，跟我的年龄、我的命运颇有

---

[1] 这里提到的"林荫大道"特指巴黎右岸由好几条林荫大道构成的所谓"巴黎林荫大道"，而"美尼尔蒙当""夏洛那""绿径街"都是附近的地名。后文中，"高界街""圣殿骑士团寺庙"和"石膏厂街"也同为巴黎地名，都在那一带。

些相似，令我不由得悲从中来。我看到，我那无辜却又不幸的生活正在走向尽头，心灵依然充满着活跃的情感，精神依然装饰有几朵花，但花儿已经因忧伤而枯萎，因烦恼而干焉。我孤孤单单，无依无靠，感到寒冬中最初冰霜的来临，而我日益枯竭的想象不再能随心所欲地用虚构的人与事填补孤独的心灵。我叹息着自问：我在这人间做了什么？我造就出来是为了活着的，而我还没好好活够就要死去了。至少，这不是我的错，而我要给我生命的作者奉送的馈礼，即便不是一些善行善举，因为人们不让我去做，至少也会是一些落空的良好意愿，一些健康却并无实效的情感，还有经受住他人蔑视的一种耐心。想到此，我的心境便柔和下来，我回顾了一番从青春期以来我的种种心灵运动，其中包括我的成年期，还有自从被人们赶出社交生活圈子的众多时日，还有很长一段估计要到我生命终结才能完的隐居时期。我欣悦地回想起我满心所怀的爱意，心中如此温柔又如此盲目的眷恋，以及好几年来滋养了我精神的种种与其说忧愁伤人还不如说宽慰劝人的思想，我千方百计地尽量回顾它们，准备怀着一种喜悦，一种跟我当时沉浸其中时的喜悦几乎一样的喜悦，把它们一一描绘出来。我的下午就在这平静的沉思中度过；正当我带着对整整一个白天的满足之心准备回家时，发生了一件事，把我从遐想的深底拽了出来。现在我就来说一说这件事。

大约六点钟时，我到了美尼尔蒙当的下坡路，几乎就在逍遥园丁餐厅的对面，走在我前面的几个人突然闪开了道，我只看见一条又胖又高的丹麦狗冲在一辆四轮马车的前方，一个劲地朝我飞奔而来,当它发现我时,根本就来不及停下脚步,或者改变一下方向。我断定,我得以避免被撞倒在地的唯一办法,就是起身一大跳,让那狗从我高高跃起在空中的身子底下穿过。如此念头来得迅雷不及掩耳,是我事故发生之前掠过脑际的最后一个想法,不过我已经没有时间了,根本就来不及推理和实践。我甚至都没有感觉到大狗的那一下冲击,也不清楚我是如何倒下的,更不知道随后的情况,一直到我苏醒过来的那一刻。

等我恢复知觉时,天都几乎黑了。我发现自己躺在三四个年轻人的怀中,他们对我讲述了事情的经过。当时,那条丹麦狗控制不住飞奔的势头,便朝我的两条腿冲来,以它的分量和速度给了我狠狠的一击,一下子就把我撞翻在地,脑袋冲前:我的上排牙齿承担了全身的重量,结结实实地磕在一块粗糙不平的砌路石上,赶巧又是在下坡路上,身体跌落得更为厉害,反正,我的脑袋要比双脚落地得更低。

大胖狗所属主人的那辆马车紧跟在后,差点儿就要从我的身上碾过,幸亏车夫在危急时刻勒住了马。这就是我从那些把我扶起来的人嘴里得知的情况,我清醒过来时,他们一直都搀扶着我来的。说起来,那一刻我的状态也煞是奇怪,我非得把它在此描述一番不可。

夜深了。我抬头望见了夜空,几点星光在上,还有几抹绿色在下。这种最初的感觉确是一段美妙的时光。我只是通过这一点才感觉到了我自己。在这一刻,我又活回到了生命中,我似乎觉得,我那轻微的生命存在就充盈在我所感知的所有一切中。我全身心地浸淫在眼下这一刻,我什么都回想不起来;我对自身个体全无明确的概念,对刚才发生的事故也没有丝毫印象;我不知道我是谁,我在哪里;我感觉不到什么痛苦,什么害怕,什么担忧。我看到我的血在流,就像我曾看到过溪水在流那样,压根儿都没想到这血原本是属于我的。我感觉整个人在一种心旷神怡的宁静之中,每当我回想起这种宁静,我就觉得,人世间已知的愉悦活动中,再没有什么能与之媲美了。

周围人问我住在哪里;我却根本就说不出来。我反问他们我现在又在哪里;他们告诉我,是在高界街;这就跟有人对我说我们是在阿特拉斯山[1]那样。得按着顺序连续不断地问下去,我是在什么国家,什么城市,什么街区。就连这个也不足以让我认出自己来;我必须走上整整一段路,从那里一直走到林荫大道,才能让我回想起我的家和我的姓名来。一位我素昧平生的先生好心地陪我走了一段时间,才得知我住得很远,便建议我在圣殿骑士团寺庙那边雇一辆马车回家。我走得很稳,很轻,毫不觉得有什么痛苦和受伤,尽管我一路上还咯了不少血。但是,我感到冷得直发颤,我那刚被磕坏的牙齿奇怪地上下打架,嘎嘎地直响。来到圣殿骑士团寺庙后,我心想,我已经可以毫无困难地行走了,最好还是继续那样步行下去,而不是冒着被冷风吹得冻死的危险去坐一

---

[1] 阿特拉斯山(Atlas)是非洲北部的大山,横贯摩洛哥、阿尔及利亚和突尼斯,整条山脉全长超过两千公里。

辆马车。我就这样从圣殿骑士团寺庙一直走到石膏厂街,走了足足半里路[1],走得毫无困难,躲避开处处障碍,种种车辆,跟我身体健康时一样正确地选择并沿循我的路线。我到了家,我打开了安在临街大门上的暗簧锁,我摸黑爬上楼梯,我终于回到了自己家里,除了摔倒之外,没出别的事故,而那时,对我摔倒之后的一连串事情,我甚至连意识都还没有意识到呢。

我妻子一见我便大呼小叫起来,这总算让我明白到,我的惨相比我想象的要更糟糕。过了一夜,我还是没有感觉和认识到我的疼痛。直到第二天,我才感受和发现了那一切。我的上嘴唇内侧裂开了,一直裂到鼻子那里;而在外侧,皮肤更好地保护了它,使它避免了完全裂为两半;四颗牙齿嵌进在上颚中,整张脸全都肿了,乌青乌青的,右手大拇指扭伤了,肿得老粗老粗,左手大拇指也受了重伤,左胳膊也扭了,左膝盖也肿得老高,一种严重而又疼痛异常的挫伤使它根本无法弯曲。但是,尽管被摔得那么惨,我浑身上下居然没有一处骨折,甚至连一颗牙都没碎,实属不幸中的万幸,要说大难不死,也算得上是奇迹一桩了。

这便是我那次事故的真实情况。但没过几天,故事就在巴黎传开了,但传得面目全非,简直就没有了原本的所有样貌。其实,我本应该提前了解如此的一番变形记;但此中掺入了那么多怪异的情景,还有那么多隐晦莫测的话语以及吞吞吐吐的迟疑伴随其中,人们对我谈及时又那么可笑地神神秘秘,

---

[1] 这里指的是法里(lieue),一法里大约相当于四公里多一点。

便让我为所有这些疑谜深深担忧。我始终仇视黑暗,它很自然地引起我的一种厌恶,即便多年来我一直被人围在种种黑暗中,这种厌恶还是无法减轻。在那个年代的种种怪事中,我将只提出一件来,但它也足以让人们对其余的作出判断了。

勒努瓦先生[1]是警察署的总警监,我跟他素昧平生,他却派秘书来打听我的消息,并表示愿意立即为我提供一些服务,但在我看来,这些服务实在不那么适宜于我的恢复。他的秘书不失时机地连连敦促我接受这些提供,甚至还说,假如我不相信他,我可以直接写信给勒努瓦先生。这番大献殷勤,还有夹杂其中的那种信誓旦旦,让我依稀明白这一切的背后有着某种奥秘,是我即便踏破铁鞋也无法入内勘破的。其实,要吓唬我也用不着那么费劲,尤其因为,那次事故以及随之而来的发烧,让我处在惊慌失措的精神状态中。我任凭自己沉浸于焦灼而又忧伤的百般推测中,对身边发生的一切作出种种阐释,它们所标志的,更多的是谵妄和高烧,而绝非一个看破红尘的人应有的冷静。

另外还有一件事也跟着来凑热闹,扰乱了我的宁静。好几年以来,德·奥穆瓦夫人[2]一直在寻访我,我却无法猜测其

---

[1] 勒努瓦(Jean-Charles-Pierre Lenoir ou Le Noir, 1732—1807),法国高官。他于 1774 年被任命为巴黎警察署的总警监(lieutenant général de police)。

[2] 夏洛特·德·奥穆瓦(Charlotte d' Ormoy, 1732—1791),法国女作家,她的女儿安娜 - 雅娜 - 菲丽西黛·德·奥穆瓦(Anne-Jeanne-Félicité d'Ormoy, 1765—1830)也是作家,女婿西蒙 - 皮埃尔·梅达尔·德·圣鞠思特(Mérard de Saint-Just, 1749—1812)是诗人。

中的缘由。矫揉造作稀奇古怪的小小礼物，毫无目的毫无愉悦的频繁来访，这一切足以向我表露出一种秘密的目的，只不过她还没有明明白白地说出来而已。她对我说到过她想写一部小说，要把它献给王后。我则对她说了我对女性作家的想法。她让我明白，这一计划的目的是要重新恢复她的家业财产，为此她需要得到保护；对此，我实在没有什么可回答的。她对我说，由于始终无法接近王后，她决定公开出版她的书。在这种情况下，我自然不会给她什么建议，毕竟她都没有征询过我，更何况她也不会听我的。她对我说会事先把手稿拿给我看，我请她什么都别做，她结果也就一直什么都没做。

养病期间的某一天，我收到了她那本印刷好的书[1]，居然还是精装本，我在序言中看到了她对我的一番大肆赞扬，辞藻华丽，矫揉造作，让我十分别扭。粗俗不堪的谄媚充斥了字里行间，绝对不怀什么善心好意，在这一点上，我是不会看错眼的。

几天后，德·奥穆瓦夫人跟她女儿一起来看我。她告诉我，她的书引起了轩然大波，全是因为其中的一条注释；我匆匆浏览了一遍这部小说，好不容易才找到了那条注释。等德·奥穆瓦夫人走后，我又重读了那条注释，我研究了它的表达方式，我觉得从中看出了她的来访、她的奉承、她在序言中大肆吹捧的目的，我认定，这一切没有别的目的，只是要让读者认为，这条注释出自我的手笔，由此，它出现在书中可能会给其作

1　这部小说以《青年女子埃米莉哀史》为题，出版于1777年。

者带来的指责，也就将悉数落到我的头上了。

我没有任何办法来平息这一传闻，还有它可能给人带来的印象，我所能做的一切，就是快刀斩乱麻，停止接待德·奥穆瓦夫人及其女儿明明白白而又无益的拜访，从而一了百了。下面就是我为此目的而写给那位母亲的字条：

> 本人卢梭恕不在寒舍接待任何作者在此特谢德·奥穆瓦夫人的好意并谨请万勿屈驾造访。

她回了我一封言辞诚恳的信，表面的措辞中规中矩，但跟人们在类似情境中给我写的那些信一样，内中的意味全都变了。意思说，我就是往她敏感的心上粗野地扎了一刀，我从她来信的语气中本该相信，她对我有着那么强烈、那么真挚的情感，根本无法忍受这一决裂，简直就痛不欲生了。真的是这样啊，在这世上，若对一切事都那么真诚坦荡，便是可怕的罪过了，我会在同时代人眼中显得凶狠野蛮，在他们眼中我其实只有一桩罪行，那就是我竟然不像他们那样虚伪和奸诈。

我早已出了好几趟门，我甚至还经常在图伊勒里[1]那一带散步，从在那里相遇的不少人身上，我惊讶地发现，关于我，他们原来还有不少我根本不知晓的消息。我最终得知，公众

---

1 图伊勒里在巴黎右岸，近协和广场，是著名的王家宫殿和花园。宫殿在1871年巴黎公社期间被毁，现仅剩花园。

中流传的消息是，我已经摔死了，这一谣言传播得那么迅速，那么顽固，就在我自己听闻此谣传半个月后，国王本人以及王后在谈论时都对它信以为真。有人写信告诉我说，《阿维尼翁信使报》已经宣布了这一好消息，并不失时机地用讣告形式预言，人们在我死后回忆我时所供奉的，会是种种侮辱和愤慨。

这一消息还伴随有更离谱的情况呢，对此，我也是偶然才知道了一个大概，而种种细节我则根本无从知晓。那就是，有人同时还公布了一份预订告示，说是要印刷出版在我家中找到的文稿。我就此明白，人们已经准备好了一个特地编撰的集子，准备等我死后就归到我的名下：因为，若要假设人们会把所能找到的书稿忠实地付梓，实在也是愚人之虑，根本就不会出自一个理智者的脑子，以往十五年的老经验早就明白无误地告知了我这一点。

种种怪事接踵而至，而另一些更怪的事也接二连三而来，如影随形，深深惊扰了我那几近沉寂的想象力，而人们在我身边不知疲倦地越描越浓的这些墨黑的阴暗，彻底唤醒了在我心中自然产生的恐怖感。我倦于对这一切作出千百种阐释，倦于费力弄明白对我已变得无法解释的种种奥秘。众多疑谜唯一恒定不变的结果是对我先前所有结论的肯定，要知道，我个人以及我声誉的命运早已被当今整整的一代人所确定，我再怎么努力也于事无补，因为我不可能不通过那些人就把任何遗留物传到其他年代，而那些人则是铁定了心，要把它给抹杀掉。

但这一次我走得更远。那么多的凑巧事件全都集在了一起，我所有那些最凶残的敌人都因所谓的好运而平步青云，所有那些管理国家的人，那些引领公共舆论的人，那些高踞要位的人，那些从对我秘密怀有敌意的人当中精心挑选出来的好声誉的人，他们为了共同的阴谋而团结一致，这种普遍一致的协调显得也太异乎寻常了，绝非出于偶然。哪怕只有一个人拒绝参与阴谋，只有一件事做得正相反，只有一种意外情境构成为障碍，就足以让这一切归于失败。然而，所有的意愿，所有的宿命、运气，以及所有的变故，都加强了人们的这一作品，而一种如此神奇的惊人协作令我对他们的成功不能有什么怀疑，我只觉得他们的彻底成功是在永恒的法令上早就铁板钉钉的。众多的独特观察，无论是以往的，还是如今的，都对我证明了这样一点，我无法阻止自己从此另眼看待它，把它看作人类理性根本无法参透的神秘天意中的一种，而到目前为止，我还仅仅只是把它看作一颗人类恶意的果实。

这一想法，远没有让我觉得残忍与痛苦，反倒安慰了我，让我平静下来，并帮我忍受命运的安排。我走得不像圣奥古斯丁[1]那样远，他会心安理得地接受惩罚，假如他认为那确实是上帝的意愿。没错，我对命运的忍从来自于一种不那么无私却同样纯洁无辜的本性，而且依我来看，它还更配得上我

---

[1] 圣奥古斯丁（Saint Augustin，354—430），罗马帝国时期天主教思想家、哲学家、伦理学家。著有《忏悔录》《论三位一体》等。

所敬佩的完美存在。上帝是公正的；他要我受苦；他知道我是无辜的。这就是我信念的动力，我的心和我的理性对我高喊，信念是不会欺骗我的。就让人们和命运去折腾吧；我们得学会受苦却不抱怨；最终一切都会归于秩序，迟早总会轮到我的。

漫步之三

"我日渐年老却学而不辍。"

梭伦[1]在他老年时常常重复这句诗。[2]

这话说得很有意思，我在我的老年时也可以这样说。但是，二十多年来，我的经验让我获得的知识其实是一种很可怜的知识：无知反倒更可取。敌意无疑是一位大师，但交他的学费实在太贵了，而且，从中获得的益处往往还不如付出的代价更高。此外，还没等我们从这些姗姗来迟的教训中获得什么益处，运用它的适当时期却往往就已过了。青春正是研习智慧的大好时光；老年则是实践智慧的最佳时机。经验总是在教育人，这一点我承认；但它只是在人们眼前尚有相当空间时才能有收获。难道我们还要等到快死时再去学习该如何好好生活吗？

唉，这么晚才来的启蒙，这么痛苦才获得的有关我的命

---

[1] 梭伦（Solon，公元前638—前559年），古希腊雅典城邦的执政官、改革家。

[2] 这行诗向来被认为是梭伦的至理名言。

运，有关其他人对待我时的种种情感的学问，对我又有什么用！我学会更好地认识人们，只是为了更好地感受他们把我掷入其中的悲惨境地，我倒是看清了他们设置的所有陷阱，但这种认识并不能让我避免落入任何一个陷阱。我为何没有始终留在这一愚笨却又温柔的信任中，在那么多年里，它早已把我变成了我那些咋咋呼呼的朋友的猎物玩偶，而在他们种种伎俩的愚弄下，我竟然都没有丝毫怀疑！我受骗上当，成为他们无谓的牺牲品，这没错，但我还以为他们爱着我，我的心享受着我对他们油然而生的友谊，同时我还以为他们对我也抱有同样的情谊。那些美妙的幻想全都破灭了。时间和理性擦亮了我的眼睛，让我感受到我的不幸，这一令人伤心的事实让我看得很明白，一切都已无可挽救，我只有逆来顺受的份儿了。因此，我这把年纪的所有经验，对于目前状态的我没有任何用处，对未来的我也不会带来什么好处。

我们一出生就进入了竞技场，到死才算离开它。既然已经到了赛道的终点，学会更好地驾车又有什么用？那时候，该想的问题是，如何从中跳出来。一个老人的研习，假如他还需要研习的话，只能是如何走向死亡，这恰恰是人们在我这把年纪学得最少的，人们想到了一切，唯独没有想到它。所有的老年人都比孩子们更看重生命，与年轻人相比，往往是老年人更不情愿舍弃生命。那是因为，他们所有的辛苦都是为这一生命而付出，而到了生命终点，他们却看到，所有的艰辛全都白费了。他们所有的挂虑，所有的财产，所有日夜艰辛劳作的成果，离世时全都得撒手。他们没有想到，所有的一切全都生不带来死不带走。

我还是不失时机地领悟了所有这一切，而倘若我没有更好地从我的思考中获益，那也不是因为没能及时思考，没能好好消化。我从童年起就被掷入人世的旋涡中，很早就凭着经验知晓，我生来就不是为活在那里的，我将永远达不到内心期盼的那种状态。我热烈的想象不再在人们中寻找我觉得已经找不到的幸福，而是高高地越过我那刚刚开始的人生空间，就像越过一个陌生地带，而固定不动地落到一个能好好憩息的安宁的情境中。

这一情感，源于我童年起就接受的教育的滋养，并由充斥了我整整一生的长久不断的悲惨与不幸而得到加强，它让我每时每刻都在寻求了解我自身存在的性质和目的，而我对此产生的兴趣和关注，我觉得比任何人都要更多。我见过很多人，他们研究的学问远比我要高深渊博得多，但是他们的学问对他们而言可说是外在陌异的。他们希望比别人更博学，他们研究宇宙为的是知道它是如何运作的，就如他们研究他们所看到的某种机械一样，出于纯粹的好奇。他们研究人性，为的是能够夸夸其谈，卖弄学问，而不是为了认识自身；他们努力工作是为了教育别人，而不是为了反躬自省，自我启蒙。他们中很多人只想完成一本书，不管是什么样的书，只要能被人接受就行。当他们的书完成并出版了，书中的内容就不再让他们感什么兴趣，除非是要说服别人来接受它，或是在它受到攻击时来为它辩护，但是，其他的统统不在考虑之列，他们根本不考虑自己能否从中真正获益，甚至，只要这一内容不被人驳斥，他们根本就不在意那是真还是假，是对还是错。至于我，当我渴望学习时，我是为了认识我自己，而不是为了教育别人；我始终认为，在教诲别人之前，一开始必须对自己有足够的认识，我一生期间在众人当中努力完成的所有学习研究，几乎没有什么是我不能独自一人在一个荒岛上为度过余生而去完成的。人们应该做什么，很大程度上取决于人们应该相信什么，而在一切并不属于人性本能需求的范围中，我们的观点就是我们行为的准则。我始终恪守着这一原则，我时常久久地寻求了解生命的真正目的，以求给我的人生指明方向，我知道，我在灵活处世方面是很差劲的，而一想到我们原本就不应该在世界上寻求这一目的，我的心便马上得到了慰藉。

我出生在一个崇尚道德、尊重信仰的家庭；后来又在一个充满睿智和宗教精神的牧师的亲切关怀下长大，从很小年纪起就接受了一些原则，一些格言，别的人会说那是一些偏见，但它们从来就没有彻底丢弃过我。还在孩提时代，我就沉浸于自我的意愿中，被温柔吸引，被虚荣心诱惑，被希望蒙蔽，被必然性驱使，我让自己成了天主教徒[1]，但我向来始终是基督教新教徒，很快，我就被习惯所战胜，我的心真诚地依附

---

1 卢梭出身于日内瓦的一个新教教徒家庭，但在1728年16岁时改信天主教。

在了我新的宗教中。华伦夫人[1]的教诲和榜样,更是加深了我这方面的迷恋。我在乡村中度过的孤独的青春花季,我全身心地投入其中的对好书的研读,这一切更是在她身边加强了我对柔爱情感的自然天性,并让我变成几乎像费内隆[2]那样的虔诚者。隐居中的沉思,对大自然的研究,对宇宙万物的静观,迫使一个孤独者不停地扑向造物主,并带着一种甜美的焦虑,寻找他所看到的一切的真谛,还有他所感受的一切的缘由。当我的命运把我再次扔进尘世的洪流中时,我已再也找不到任何能让我的心欢愉哪怕片刻的事物了。对我当年那些温馨甜美闲暇的怀恋之情到处都在追逐我,让我丢弃了对触手可及的种种名誉利益的漠然无视与厌恶的态度。我在自身焦躁的渴望中本是那么迷茫,我希求的不多,得到的很少,甚至在成功的一丝微光中,我也感到,就算我赢得了自以为寻求的那一切,我也根本得不到我内心十分渴望却对其究竟为何不甚明了的这一幸福。就这样,一切都在促使我剥离我对这世界的感情,甚至就在那些苦难让我彻底沦为现世中的陌异人之前。一直到四十岁,我始终漂泊于清贫与财富之间,摇摆在睿智与迷惘之间,心中虽无半点罪恶倾向,却充满着

---

[1] 华伦夫人(Mme de Warens, 1699—1762),本名弗朗索娃丝·露易丝,是卢梭的情妇。华伦夫人出生在瑞士沃韦一个新教徒家庭,后来移居到法国阿讷西,1726年改宗罗马天主教。华伦夫人在当时因私生活放荡,是一个很有争议的人物。卢梭于1728年与华伦夫人初次见面,1732年到1741年间,曾和她生活在一起。

[2] 费内隆(Fénelon, 1651—1715),法国作家,天主教教士,寂静主义的主要倡导者,著有小说《忒勒马科斯历险记》(1699)。

种种恶习，我随遇而安，根本就没有由理性牢牢掌控的行为原则，不过，我虽对我应尽的职责漫不经心，却并不蔑视它们，只不过，我常常并不清楚我的职责何在。

我从青春时代起，就把四十岁这一年龄定为我为成功而努力奋斗，以及实现我各种各样期望的最终界限。一旦到了四十岁，无论我处于什么状态，我就断然决然地不再为摆脱而抗争，而是得过且过地安度余生，根本不考虑什么将来。时间一到，我就顺顺当当地实施起了这一计划，尽管当时我的命运似乎还能让我端上一个更为固定的饭碗；我断然放弃了，不但丝毫不带遗憾，而且还带着一种真正的喜悦。我从这所有的诱惑、这所有徒然的希望中挣脱出来，彻底地投身于一种漫不经心的生活，一种精神的安息，它才是我永远的趣味所在，是我最持久的爱好倾向。我离开了喧嚣的尘世，我抛弃了一切豪华；没有了佩剑，没有了怀表，没有了洁白的长袜、包金的饰物、复杂的发型，只有一顶假发，一身床单似的宽大衣袍，更有甚之，我从心中连根拔除了贪得无厌的觊觎之欲，根本不再看重我离开的那一切。我放弃了那时还占据的位子[1]，其实它也根本不适合我，我开始抄写乐谱按页取酬，对这样的事，我向来有着一种坚定不移的兴趣[2]。

1　卢梭当时在法国财务总管弗兰格耶那里担任出纳，经管金库。参见他的《忏悔录》第二部第八章。

2　卢梭为生活计，曾经做过秘书工作，并在1745年到1751年曾任路易·克洛德·杜邦的家庭教师。这位杜邦是出身贵族的著名金融家和包税人［人称杜邦·德·弗朗戈伊（Dupin de Francueil）］，是十八世纪时法国的一个大人物。

我的改革并不局限于外表。我感到，这一改革本身同时亟需另一种更艰难的但也更必要的观念改革，于是我决定不再分两次来做，而要毕其功于一役，我便把我的内心置于一种严厉的检验底下，在我的余生中它将得到不断的校正，直到我临终时变成我希望的那样。

一场伟大的革命刚刚发生在了我身上，另一个精神世界在我的眼前展开，我开始感觉到人们对我作的那些无理判断的荒谬，尽管我还没有预见到我会成为它多么无辜的牺牲品，文坛上的虚名如浮眼烟云刚刚飘到我这里，我就已经觉得恶心，而对那虚名之外的另一种财富的需要，则在我的心中不断地增长，到最后，我有了一种渴望，要为我的余生描画出一条比我刚刚走过了一大半的路稍稍更靠谱的道路，这一切的一切，迫使我作了这一番很久以来我就觉得亟需做的深刻审视。于是，我着手落实，而为了好好实施这一计划，我丝毫不忽略取决于我的一切细节因素。

正是从那个时期起，我算是彻底放弃了上流社会中的一切，对孤独生活抱定了那种强烈的兴趣，并始终就没有再离开过这种生活。只有在一种绝对的隐居中，我当时正在写作的那部作品[1]才能完成；它要求有长久的平静的沉思，不被社会的喧哗所打扰。这就迫使我在相当一段时间里采取另一种

---

[1] 这部作品应该就是通常收在《爱弥儿》第四卷中的《萨瓦副本堂神甫的信仰自白》，它明确反映了卢梭的宗教立场，但该作也常常单独成书。

生活方式，而在随后，我也觉得它当真很不错，那种生活，虽然后来我不得已中断了一阵子，但是一有可能，我还是全身心地再度投入其中，心无旁骛，乐此不疲；再后来，等到人们迫使我不得不孤独生活时，他们本以为通过隔离我会让我陷于悲惨境地中，但我发现，他们这样做其实反倒是在成就我，因为仅仅凭我一己之力，我恐怕还做不到那样呢。

我投身到了我曾满怀热情地着手开始做的工作中，我之所以满腔热情地去做，既是因为事情的重要，也是因为我感到有此需要。那时候，我跟一些与古代哲学家有霄壤之别的现代哲学家[1]生活在一起。他们非但没有解除我的疑惑，阻止我的彷徨犹豫，反而动摇了我对那些我本以为已经拥有的、也最需要我去了解的重要观点的确信无疑；因为他们都是无神论的狂热卫道士，是十分专断的教条主义者，在无论什么问题上，他们根本无法容忍有人竟然想得跟他们不一样，对不同观点，他们总是愠怒万分，暴跳如雷。我为自己辩护时常常相当无力，因为我一方面憎恨与人争吵，另一方面也没有本事与人争吵；但我从来没有采纳过他们那令人气馁的学说，而我对这些气量如此狭小却凡事倒也有自己看法的人的这种自发抵抗，则不失为招致他们憎恶的众多原因之一。

他们从来就没有说服过我，但他们着实令我不安，他们

---

1 当指狄德罗、达朗贝尔、格里姆等"百科全书派"的哲学家们。大约从1749年起，卢梭开始为狄德罗、达朗贝尔负责主编的《百科全书》撰写音乐方面的条目。

的论据从来就没有让我信服，却扰乱了我的心智；我对此根本找不到任何正确的回击，不过我感到回击应该还是可以有的。我责怪自己的，与其说是错误，还不如说是愚蠢，而说到回击他们的能力，我的心倒要比我的理智还更强一些。

我最终问我自己：难道我就任由自己在那些巧舌如簧者的诡辩下永远摇摆不定吗？我甚至都不能确定，他们大肆鼓吹的，他们竭力想让人们接受的观点，到底是不是他们自己的看法。他们的激情支配了他们的学说，他们的趣味让人相信这个或是相信那个，而正是这一切使人根本无法领悟他们所相信的东西。难道我们能在政党领袖的身上找到什么真诚？他们的哲学是宣扬给别人听的；而我需要的是一种为我自己的哲学。趁着时候还来得及，就让我竭尽全力来寻找它吧，以便我在整个余生中还能遵循一种固定的行为准则。我正处在成熟的年龄，理解力也达到了巅峰。然而我已经开始在走下坡。假如我还要再等下去的话，那我在我迟来的考虑中就将无法发挥我全部的力量；我的智力也将失却活力，我会做得远不如我今天竭尽全力所能做到的：我还是好好地抓住这一有利时机吧；现在是我施行外表物质变革的好机会，也是我实行内心精神变革的好机会。让我一劳永逸地确定我的观念，我的原则，让我在整个余生中成为我深思熟虑后觉得应该成为的那样。

几经周折之后，我终于实施了这一计划，步调虽缓慢，但我付出了我的全部努力，全部关注。我深深感到，我余生的安宁以及我整个的命运全都取决于此。我发现，我先是处在一个如此的迷宫中，里面满是障碍、困难、异议、曲折、黑暗，我曾二十次地打算抛弃一切，差点儿就放弃种种徒劳无谓的寻找，一味守在我对普遍谨慎法则的考虑中，不再在我苦苦思索而始终不得其解的原则中去进一步寻找。但即便是这一谨慎，于我也是那般陌生，我一点儿都不觉得自己能获得它，而要拿它来作为我的向导，就好比在暴风雨中穿越大海航行时，既没有舵也没有罗盘，却想寻找一座几乎无法达及的航标灯塔，因为它根本无法为我指向任何一个港口。

我坚持下来了：生平第一次，我鼓足了勇气，正是因为有了这一勇气，我才能忍受住可怖的命运，要知道，从那时起，这厄运就已经开始紧紧包围了我，而我对此却没有丝毫察觉。在做了任何一个凡人恐怕都无法做出的那些最热情、最真诚的探索之后，我终于决定了我的一生必须建立在其上的所有那些观念，而假如我弄错了结果，那我至少也确信，我的错不至于让我沦为罪人，因为我尽了全力，确保我不至于犯任何罪过。没错，我一点儿都不怀疑，童年时代的偏见，我内心的秘密意愿，会让天平倾向于最能给我以慰藉的一端。人们很难阻止自己去相信自己那么热烈渴望得到的东西，谁又能怀疑，是承认还是否认来世判决的说法，决定了大多数人对他们的希望或他们的畏惧的相信与否。这一切可能会影响我们的判断，我承认这一点，但它不能改变我的信仰：因为我生怕在任何事情上会自欺欺人。假如，一切就在于尽情地享受此生此世，我当然得在心中明白这一点，而且还得趁时机不算太晚，至少，也要最大程度地发挥自身的价值，而不要完全被人当作傻瓜来骗。但是，鉴于我自身的处境，我在这世上最令我担忧的事，就是为享受这世上的种种财富——而这在我看来从来就没什么太大价值——而把我心灵的永恒命运展现于危险中。

另外，我还得承认，我并不总能圆满地解决那些始终困恼着我，而我们的哲学家在我耳旁不知唠叨了多少次的难题。但是，既然我最终决定，要把我的精力放在人类智力很少去涉及的问题上，而且，我到处都发现一些无法参透的奥秘，无法解决的异议，我在每一个问题上都采纳了在我看来最站得稳脚、本身最可信的观念，在我根本无法解决的异议——但在相对立的体系中会被其他一些不那么强有力的异议所反驳——面前，我也毫不停步。在这些问题上采取教条武断的腔调，只有江湖骗子才做得出来；但重要的是，要有一种自为的情感，而且要用我们十分成熟的判断力来选择它。假如，尽管如此我们还是犯了错，那我们就没有理由还要为此受惩罚，因为我们一点儿罪都没有犯。这是一条不能动摇的原则，它是我心灵安全的根本基础。

我那些艰辛探寻的结果，差不多都记载在了此后不久发表的《萨瓦副本堂神甫的信仰自白》[1]中，这本书不幸遭到了

---

1 卢梭在他的《萨瓦副本堂神甫的信仰自白》中不仅严厉批评了天主教会，而且还宣扬了自然神论的宗教思想，也正因为这一点，1762年，《爱弥儿，或论教育》（在其第四卷中全文收录了《萨瓦副本堂神甫的信仰自白》一文）出版后，随即遭到巴黎最高法院的查禁。

当代人卑鄙的凌辱与糟蹋，但如若理智与信念还会再生的话，它是会有一天在人们中引起一场革命的。

从此，我便平心静气地留在我经过一种如此长久如此深入的沉思之后才决定采取的原则中，我把它当成我的行为与信仰的永恒不变的规则，不再担心我曾无法解决的那些异议，还有我虽无法预见却时不时地重新出现在我头脑中的那些异议。它们偶尔也让我担忧，但它们从来没有让我动摇过。我总是这样对自己说：这一切只是巧舌如簧的诡辩和故作玄虚的遁词，与由我的理性所选择、由我的内心所采纳、并在激情的沉默中获得内心赞同的基本原则相比，根本就没有什么分量。在种种如此高地超越人类理解力的问题上，一种我所无法解决的异议，就将会推翻整整一套如此坚固，如此久经沉思与掂量，如此契合我的理性、我的心、我的整个身心的学说吗？而这学说，甚至还得到了我在其他所有问题上都不曾有过的内心共鸣呢。不，种种徒劳的论据永远都毁不了我所发现的那种契合，这一契合就存在于我永恒不朽的天性与这一世界的结构之间，在它与我看到统治着世界的物理秩序之间。我在相关的精神秩序中——而这精神秩序的体系便是我探寻的结果——找到了那些依靠，我需要它们，用来忍受我那苦难的生活。在任何一个其他体系中，我恐怕会束手无策，坐以待毙，我会在绝望中死去。我会是芸芸众生中最不幸的一个。因此，就让我死死地守住这唯一足以让我幸福的体系吧，不去管别人又会如何，命运又会如何。

我的这番考虑，以及从中得出的结论，难道不是授意于天吗，老天爷难道不是要造就我，让我好好地迎接正等着我的命运，让我能够扛得住它的考验吗？在虎视眈眈地等待着我的可怖焦虑中，在我余生所处的难以想象的情境中，假如我没有庇护之地，得以躲避我那些残酷无情的迫害者，假如我无法洗刷他们让我在今世蒙受的耻辱，假如我没有希望获得我本应得到的公正待遇，我又将成为什么？我还能成为什么？我已经看到自己整个儿地落入了一个凡人能在大地上体验到的最可怕的命运之中。正当清白无辜的我安于平静，以为世人给予我的只有尊重和善意；正当我敞开了一颗信任满满的心，向朋友和弟兄倾诉衷情时，背信弃义者却为我悄悄布下了地狱深处铸就的陷阱。我对这最意想不到的不幸深感震惊，这对我高傲的心灵又是何等可怕的灾难，我被拖入了圈套中，却不知是被谁，也不知是为何，我陷入了耻辱的深渊，被可恶的黑暗包裹，透过层层黑暗，我只能依稀瞥见一些阴森可怖的东西，最初的惊奇让我目瞪口呆，若不是我事先积蓄了力量，跌倒之后再爬起来，我恐怕再也无法从始料不及的不幸带给我的沮丧中回过神来。

只是在经历了好几年的动荡不安后，我才终于重新振作起精神，开始回归于我自身，我才感觉到，我早先为对抗逆境而积攒的才能是多么有价值。我决定好好关注需要我作出判断的一切事，当我对照了我的行为准则与我的处境时，我看到，对人们的无理评判，对这一简短生活的种种小事件，我赋予了它们原本并没有的更多重要性。由于这一生活本身就只是一种考验状态，那么，这些考验究竟是何种类型的也就没什么太要紧的了，只要它们能产生注定的效果就行，因此，种种考验越是巨大、严峻、频繁，也就越有利于锤炼人，让人磨练得能经受住。对任何一个看得到其中巨大而可靠的补偿的人，所有最为严厉的折磨全都失去了力量；而对这一补偿的坚信不疑，正是我从早先的沉思中获得的基本成果。

没错，当时我觉得，我被从四面八方涌来的无数侮辱和无限欺凌压得够呛，而焦虑与疑惑则交叉着，不时地前来动摇我的希望，扰乱我的宁静。我一直无法解决的强有力的异议，这时带着更大的力量出现在我的头脑中，要最终切切实实地把我击垮，而那一时刻，我早已不堪命运的重负，马上就要沮丧地倒下了。经常地，我听到有种种新的论据出现，随着那些早已折磨得我好苦的论据一起，反复来到我的脑子里。啊！这时我的心揪得紧紧的，几乎就要窒息，我对自己说，假如，在我那可恶的命运中，在我的理性为我带来的慰藉中，我看到的只不过是一些幻象，那么，谁将能保障我免于绝望呢？假如理性就这样毁灭了它自身的勇气，那它是不是就推翻了它曾帮助我渡过了逆境的这整个希望与信仰的依靠？在这世上仅仅只能哄骗我一个人的种种幻觉又能是什么依靠呢？如今整整的一代人在我自我滋养的种种情感中看到的，只是错误与偏见；他们只在跟我作对的体系中才看到真理与事实；他们甚至仿佛都不能相信，我是出于真诚而采纳它，而心甘情愿地投入其中的我本人，从中发现的是一些克服不了的困难，我根本就解决不了，尽管它们阻止不了我依然孜孜不倦地探索它。在总有一死的凡人俗胎中，我难道是唯一的智者，唯一的贤达？而要相信万物本来就是如此，只需让它们来合我的心意就行了吗？难道我对一些事物的外表可以有一种明显的信仰吗？毕竟，在所有其他人眼中，那些表象本无丝毫坚实性，而假如我的心不支持我的理性，那么在我本人看来，它们似乎也是玄虚的幻象。若要跟我的那些迫害者作斗争，我们不妨通过借用他们的行为准则，以其人之道还治其人之身，这比起一味固守自己幻象的老一套，徒受他们的打击而不起而还手，难道不是要更好吗？我自以为很聪明，实际上只是个受骗者，是一种无谓错误的牺牲品与陪葬物而已。

多少次，在那些怀疑与动摇的时刻，我几乎就陷入了绝望中。假如我得在这种状态中待上整整一个月，那我的生命和我自己可就彻底完蛋了。幸而，这样的危机，尽管以前也曾相当频繁，持续的时间却总是很短，如今，虽说我还没有从中彻底摆脱出来，它们却变得那么罕见，那么迅疾，甚至都没有力量来扰乱我的清净。那是一些轻微的不安，无法触动我的心灵，就像一片羽毛落到河中，根本无法改变水流的方向。我感到，要重新争论此前我曾毅然决然赞同的原有观点，就等于在说我得到了新的光明的启迪，或者有了较前更扎实的判断，或者我给予了真相以比我当初探索时更大的热情；我感觉，由于这些情况中没有任何一种会是或者可能会是我自己的情况，我不可能拿出任何站得住脚的理由，来更加接受那些当我被绝望压垮时只能徒然增加我苦难的观点，我倒是更能接受我在精力充沛之年，心智成熟之际，经过深思熟虑之后所采纳的观点，因为，在那个时期，我生活中的平静不会让我有任何别的更大兴趣，而只让我有兴趣去认识真理。今天，我的心被忧伤紧紧攫住，我的灵魂被烦恼苦苦折磨，我的想象力受到频频惊吓，我的头脑着了魔似的被那么多可怕的奥秘所扰乱，今天，我所有的才能，被衰老与焦虑所减弱，丧失了整个的活力弹性，难道我将会没心没肺地剥夺我自己曾积累起的所有资源，更愿意去相信我的那一种日渐衰退的理性，让我不公正地遭遇不幸，而不是相信我的那一种充满活力的理性，能让我补偿我所根本就不该遭受的不幸？不，如今的我，并不比当时在这些重大问题上作出断然决定的我更睿智，更博学，更诚挚；那时候，我不是不了解今天会困扰我的那些困难；它们并没有阻止住我，再者说，今天即便有种种尚未觉察的新难题出现，也不过就是一些玄奥微妙的诡辩罢了，丝毫不能动摇在所有时代被所有智者所接受，得到所有民族的承认，用不可磨灭的文字镌刻在人类心灵之中的那些永恒真理。在思考这些问题时，我明白到，人类的理解力，因感知方面的局限，毕竟无法全面地掌握它们。因此，我只能顾及我能力范围之内的那一切，而无暇对付超出该范围的那些了。这一决定是有道理的，我以往就采纳了它，我在我心灵与理智的赞同下坚持了下来。今天，我又凭什么要放弃它呢，毕竟有那么多强有力的理由让我一直坚持它来的？继续追随它的话，我会遇到什么危险？抛弃它的话，我又会觅得什么好处？假如我接受了迫害者的学说，我是不是还会接受他们的道德？他们夸夸其谈地写在书本上，或者大肆张扬地展示在舞台戏剧[1]的情节中的那种道德，是无根无果的，从来都没有钻入到人心和理性中，哪怕一丁点儿都没有；或者，另外还有一种秘密而又残忍的道德，所有那些内行人内心奉行的学说，对此，另一种道德只能用做面具来掩蔽它，他们在行动中遵循的只是它，而且他们还巧妙地运用它来对付我。这一种道德纯粹是进攻型的，根本不用于防守自卫，只能用于寻衅侵犯。在我沦落其中的这番境地中，这一种道德又有何用？在苦难中只有我的无辜在支持我；假如我摈弃了这唯一却又强大的力量源泉，而代之以凶狠恶毒，我会让自己变得何等不幸啊！要论损害他人的本事，我难道还赶得上他们吗？而就算我在这方面能够得手，那我给他们带来的痛苦又能减轻我自己的痛苦吗？我丢失的是自尊，而我却什么都得不到。

正是这样，通过跟自己的一番论证，我终于不再被似是而非的诡辩，被无法解答的异议，被超越了我能力甚至也超越了人类精神之能力的困难动摇我的原则。而我自己的思想精神，则留在了我所能给予它的最坚固的状态中，很好地习惯了安居于我良心的保护伞之下，任何外来的学说，无论古今，全都不再能骚扰到它，也不能片刻搅乱我的安宁。当我坠落到精神的倦怠与迟钝中时，我甚至会忘却我的信仰与行为准则建立在什么样的推理之上，但我永远都不会忘记我从中得

---

[1] 应该是指伏尔泰的一些剧作。

出的受到我良知和理性一致赞同的结论，今后我还将坚持这一点。让所有的哲学家都来吹毛求疵无端指责好了：他们只会白白地浪费时间与精力。在我的余生中，在每一件事情上，我都将坚持我当初在更能做到好好选择时作出的决定。

在这样平静的情绪中，我找到了我在当前环境中所需要的希望与慰藉，对此我自己非常满意。一种如此彻底、如此持久、如此自怨自艾的孤独，当今整整一代人始终敏感、始终活跃的敌意，还有他们不停地压到我头上的凌辱，不可能不会偶尔也把我扔入沮丧之中；希望动摇了，令人泄气的疑惑还时不时地返回，扰乱我的心灵，让它充满忧伤。在这样的时刻，我无法作出什么必要的思想活动，来让我自己稍稍安下心来，我需要回想起我以前的那些决心；于是，那些关切，那种专心，还有我下定决心时心灵的那种真诚，全都回到了我的记忆中，把我整个的信念全都还给了我。如此，我摈弃所有的新概念，恰如摈弃种种致命的错误，因为它们徒有一个虚假的外表，金玉其外败絮其内，什么好处都没有，只会扰乱我的安宁。

就这样，我局限于我原有知识的狭窄圈子里，而不是像梭伦那样，有福气在日渐年老时还能天天学习新东西，我甚至还得小心翼翼地不显露出危险的傲气，贪求知晓我从此不再能如愿知晓的那一切。但是，如果说，在实用知识方面我已经没有希望多获得些什么了，那么，在必要的德行修养方面，我还是有很重要的事情可做的。现在，我实际上还完全来得及用一种知识来丰富和充实我的心灵，而当我的心灵最终摆脱让它失聪盲目的肉体时，获得的这一知识是能被心灵带走的，当心灵看到了赤裸裸未加掩饰的真理时，它将会发现所有那些所谓知识的浅薄贫困，发现我们那些伪博学者的徒劳无用。那时，我的心灵将感叹生命中为获得所谓的知识而白白浪费掉的许多时刻。只有耐心、温柔、忍耐、正直、不偏不倚的公正，才是人们能随身带走的财富，可以拿来不断地充实自身，而不用担心死神会让它们失去价值。我晚年所有的时光都将贡献给这一唯独的和有用的研习。假如，我能以我自身的进步，学会在跳出这一生命之际比在进入生命之时更有德行——我不能说更完美，因为那是不可能的——那我就是幸福的人了。

漫步之四

在我偶尔还会重读的为数不多的书本中，普鲁塔克的那一本[1]是我最钟爱并且让我受益最多的。它是我童年时代阅读的第一部作品，也将是我老年时代阅读的最后一部作品；他几乎是唯一一个我任何时候读都能为我带来收获的作者。前天，我在他的伦理著作中读到了题为《人们如何得益于敌手》的一篇。同一天，在整理由作者们赠寄给我的一些书籍图册时，我看到了罗西埃神甫[2]的一部日记，在作品的标题底下，他写上了这样一句话："为真理而献身[3]，罗西埃"。这也太像是那些先生咬文嚼字的伎俩了，只是在此有些改头换面而已，我明白，他会认为，用这种礼貌的口气就可以对我说出一种

---

1. 指的应该是普鲁塔克（罗马帝国时代的希腊作家，公元46年—120年）的《希腊罗马名人传》。卢梭在其《忏悔录》中对这一阅读有过描述。
2. 指弗朗索瓦·罗西埃（François Rosier, 1734—1793），法国植物学家、农艺学家、天主教修士，1768年，曾与卢梭一起在里昂附近采集植物标本。
3. 原文为拉丁语"Vitam vero impendenti"，原为古罗马诗人尤维纳利斯（生活于公元1—2世纪）的作品《讽刺集》中的一句，它也是卢梭的《山中来信》（1764）一作的卷首题词。罗西埃的题献，显然是对卢梭的一种讽刺。

残忍的反话了；但他说那些话究竟有什么根据呢？为什么要来这样的一通讽刺挖苦呢？我在这方面究竟有什么把柄被他捏住在手了呢？为了好好利用那位善良的普鲁塔克教给我的知识，我决定把第二天的漫步用来好好反省一下我在谎言这个主题上的想法，而这让我确信了我之前已有的观点，即认定：德尔斐阿波罗神庙[1]中的格言"认识你自己吧"并不像我在我的《忏悔录》中曾经以为的那样容易遵循。

第二天，我上路时，就开始实施这个计划，刚开始沉思冥想之际，来到我头脑中的第一个想法，就是对我年少时代说下的一个可怕谎言的回忆[2]，这一回忆困扰了我整整一辈子，直到我的老年，它还来深深折腾我这颗被其他方式折磨得无比内疚的心。那个谎言，本身就是一个很大的罪孽，还因为我始终不知晓的后果而变得罪孽更大，但我的悔恨让我猜想到了它可能会有的残忍程度。然而，如若只是追究我当初撒谎时的心态，那么，这个谎言就仅仅只是糟糕的羞耻心的一个结果，而远远不是出自一种存心陷害别人的本意，要让别人成为牺牲品。我可以对天发誓，即便是在这不可遏制的羞耻心让我脱口说出谎言的那一刻，我也还是甘心情愿以献出我全部鲜血为代价，让谎言的结果反过来落到我一个人

1　阿波罗神庙的遗址位于希腊的德尔斐，在雅典西北方的帕尔纳索斯山麓，始建于公元前 7 世纪，在古希腊时代被认为是世界的中心也是古希腊的宗教中心。

2　指的应该是少年时期的卢梭诬陷女佣玛丽永的事，参见卢梭的《忏悔录》第一部第二章的有关描写。

头上。这是一种我根本无法说得清的谵妄,我只能说,恰如我以为能感觉到的那样,在那一刻,我腼腆的天性制服了我心中的一切意愿。

对这一不幸事件的回顾,以及它给我留下的心中难以平息的悔恨,启迪了我对谎言的一种恐惧,它应该护佑我的心灵在我余生中彻底免除这一恶习。当我选定了我的座右铭[1]时,我感到自己是配得上它的。而我也毫不怀疑,当我因罗西埃修士的题词而开始更为严厉地自我反省时,我是当之无愧的。

不过,当我更仔细地审视自身时,我很惊讶地发现,我曾回想起并当作大实话说出来的很多很多事,实则是我虚构出来的,而就在我开口说出的同一时刻,我还十分自豪地认定我热爱真理,并且以一种在这世界上没有一个凡人能做到的公正,为真理而牺牲了我的安全、我的利益、我的整个人。

最让我吃惊的是,回想起这些编造之事时,我居然没有丝毫悔意。我这人,向来憎恶虚假,心中根本容不下它,即便说谎可以让我避免遭受酷刑,我还是宁肯受刑也不愿撒谎的,而现在,究竟出于何等怪异的悖论,何等不合情理的逻辑,我居然如此轻松愉快地说谎了,根本就没有这一必要,根本就没有什么好处嘛,究竟出于什么样难以想象的矛盾,我说谎时竟然不感到丝毫后悔,而我,我本是一句谎言就足以让

---

[1] 指"为真理而献身"这句格言。

内心愧疚整整五十年的那样一个人哦。我对我的错误从来不会熟视无睹；道德本能永远都在引导着我，我的良心也一直留住了它最初的正直廉洁，即便有时候人的良心也会变质，稍稍屈从于利益，然而，当一个人为激情所迫而偶尔失足时，他至少也会拿自己的软弱作借口，以保留住他的正直，他又怎么会在那些无关紧要的事情中，在根本无需为小小的恶习而找借口的情况下丢失他的正直呢？我发现，我在这一点上对自己的判断正确与否，恰恰取决于对这一问题如何作答，而在经过一番深思熟虑之后，我也终于找到了如何对我解释这一点的方法。

我记得我曾读过一本哲学书，书中说，撒谎就是对一种我们本该揭露的真相的掩盖。而根据这一定义，我们可以推断，不说出一种人们并非不得不说的真相，就不算是撒谎；但是，在同一情况下，那个不愿说出真相而说了相反话的人，到底是撒谎了还是没撒谎？根据上述定义，人们恐怕无法认定他是撒谎了。因为，假如他给了一个他本不欠钱的人一枚假币，他无疑是骗了那人，但他并没有偷走对方什么。

这里，有两个问题需要考虑，两个问题都很要紧。第一，人们应该在什么时候，又如何对他人说出真相，既然人们并非永远都应该说出它来。第二，是不是存在这样的情况，人们可以无辜地骗人。这第二个问题的答案是很明确的，我知道得清清楚楚；在书本中，回答是否定的，因为在书中，最严厉的道德对作者也一文不值，而在社会中，回答则是肯定的，因为在社会中，人们会把书中的道德看作一种不可能实践的夸夸其谈。因此，我就不用去管那些互相矛盾的权威了，还是按照我自己的原则去寻找问题的答案吧。

普遍而又抽象的真理是所有财富中最珍贵的。没有它，人们便是盲目的；它是理性之眼。正是通过它，人们学会了如何做人做事，成为该成为的，做该做的，向着真正的终极目标迈进。特殊而又各别的真理并不总是一个好东西，它有时是一个坏东西，更经常的是一种可有可无的无足轻重的东西。一个人最好应该知晓的、并且其知识对人的幸福来说很有必要的东西，其数目兴许不会太大；但无论这一数目有多大，它们都是一种属于他的财富，无论他是在哪里发现它的，他都有权利要求得到它，而倘若别人侵占了它，那便是犯下了最不公道的偷窃罪，因为它是属于所有人的共同财富，它在人们中间的交流丝毫也不能剥夺那个把它奉献出来的人。

至于那些在教育和实践中都没有丝毫用处的真相，它们又如何会是一种欠人该还的财产呢？既然它们甚至连一种简单的财产都不是，既然财产之为财产只是建立在有用性的基础上，那么，如若它们连可能的用处都没有，就不能称之为财产。人们尽可以要求得到一块地产，即便那是不毛之地，因为人们至少还可以在那片土地上居住；但是，如果那是一件不痛不痒的小事，对任何人全都无关紧要，无论它是真还是假，都不会导致后果的丝毫改变，那么，恐怕谁都不会对此感兴趣的。在精神范畴中，如同在物质范畴中，没有什么是没有用的。一个人亏欠别人的任何东西都不会来自连半点儿用处都无之物，你要是亏欠别人什么东西，就得让它是有用的，或者能够是有用的。如此，该说出来的真相就是那种能让正义感兴趣的真相，而如若把真相之名用到那些无用的、其存在对所有人全都无关紧要、而其知识对一切都派不上用场的东西上，那就是在亵渎这个神圣的名称。因此，被剥夺了任何有用性——哪怕只是潜在的有用性——的真相，是不可能成为一种你欠别人的东西的，由此看来，谁若闭口不去说它，或者掩盖它，那就根本不是在撒谎。

但是，是否存在着贫瘠得连一点儿实用之处都没有的真相呢，这是有待于我们讨论的另一个话题了，我将马上回到这一点上来。现在，还是让我们先来看看刚才说的第二个问题。

不说出真相来与说谎当然是两件很不同的事，但是会引起完全相同的结果；因为，只要两者全都不产生什么作用，其后果当然也就是一样的。无论在什么情况下，只要真相是无关紧要的，那么，与之相反的谬误也就是无关紧要的；也就是说，在相同情况下，那个说出与真相相反的话来骗人的人，并不比那个保持缄默从而欺骗了他人的人更为不公正；因为，如若真相本身是无用的话，那么谬误丝毫不会比无知更糟。让我相信海底的沙子是白色的或者是红色的，比起我根本就不知道它是什么颜色来，并没有什么更多的重要性。既然，只有在危害到他人时，才会有所谓的不公正，那么，在根本不伤及任何人的情况下，又何来什么不公正呢？

但是，这些如此简单就得到决断的问题，假如要付诸实践，恐怕不会提供给我任何太可靠的应用，也不会提供给我太多必要的事先阐释，得以让我准确无误地运用它们，来恰如其分地应付可能出现的种种情况。因为，假如说，不得已说出真相只是取决于这一真相是不是有用，那么，我又如何能够判定这一用途呢？情况往往是，对某一个人有利，便会造成对另一个人有害，各别的特殊利益几乎总是跟共同的普遍利益相对立的。在这样的情况下又该如何行动呢？是不是应该为我们谈到的那个人的益用而牺牲不在场的其他人的益用呢？我们是应该闭口不谈，还是应该大声说出那有利于一方就必然损害另一方的真相呢？我们到底是应该在公众利益的唯一天平上，还是应该在正义均等分配的天平上，来权衡掂量所有该说的话呢？我是不是敢肯定，我已经相当了解事情的所有关系了，完全可以仅仅只是按照公平法则来一一分配我所掌握的那些知识？此外，在仔细考察了我们欠亏人们的一切之后，我是不是已经足够地考察了我们究竟还亏欠自己什么，我们还亏欠真理本身什么？如果说，我没有通过欺骗另一个人来犯下任何错，那么是不是由此可以说，我也绝没有对自己犯下任何错，而，一个人如若始终都未有失公允，是不是足以说明，他就是永远清白无辜？

虽说这是令人十分困惑的争论，不过要从中摆脱出来，其实也很容易，只要对我们自己说一句，无论会发生什么事，让我们始终保持真诚吧。正义本身就在于事物的真相中；当人们把并不存在的东西当成了他们应该做或应该相信的事的规则时，谎言就永远是不公，错误就永远是欺诈：而无论真话会带来什么样的结果，说真话的人总是无可指责的，只要他不在其中添加自己的私货。

但是，到这里，我们只是切中了问题的要害，而并没有真正解决问题本身。这里，我们要讨论的，并不是永远说真话好不好，而是有没有必要永远说真话，根据我刚才考察的定义，我猜想，答案是否定的，我们得区别两类不同情况，有时候，真话是绝对必须要说的，而另一些时候，人们可以闭口不说真话，而并不至于导致不公，人们可以不说谎，只是遮掩真相而已：因为我发现，这样的场合确实是存在的。现在的问题是要寻找到一条规则，来认清这两类不同的场合，来好好地界定它们。

但是，从哪里能得出这条准则，能确保它的万无一失呢？……在类似这样的所有那些棘手的伦理道德问题中，我已经发现了一个办法，那就是听凭自己良心的引领，而不是遵循我理性的光明，我始终觉得它很管用。道德天性从来就没有欺骗过我：迄今为止，它在我心中一直很好地保留着其纯洁性，我完全可以相信它，如果说，有时候，面对我激情冲动的冒失行为，它也会缄默无语，但它事后还是会在我的回忆中始终掌控住这种种激情。正是基于这一点，我评判自己时的严厉程度，足可与来世中最高审判者会对我作的评判相比。

通过人们的话语所产生的效果来评判话语本身，常常会作出错误的评价。因为，这些效果不仅并不总是很容易认识，而且还常常发生无穷的变化，恰如这些话语所处的情境在不断变化。所以，唯有说话人的意愿，才能够来评价它们，才能确定它们可恶或善良的程度。唯独出于欺骗的目的，说假话才是撒谎，而即便是欺骗的意愿本身，也并非永远跟害人的意愿紧密相连，有时，它甚至还有一个正相反的目的呢。但是，要把一种谎言开脱为无辜之举，仅仅强调其并无蓄意害人的意图还是远远不够的，还要确保，无论如何，那种把听这谎言的人绕进去的误导既不能伤害听信了误导的他们，也不能伤害任何其他人。事实上，很难有，也很少有这样的确保；因而，也很难有，同样也很少有一种彻底无辜的谎言。为自身的好处而撒谎是一种欺诈，为他人的好处而撒谎是欺瞒，而为害人而撒谎叫恶言中伤；那是谎言中最坏的一种。而于人于己都既无益处也无损害的撒谎，就不是撒谎：那不是谎言，那是虚构。

带有某种伦理道德目的的虚构被称作道德故事或寓言，因为，它们的目的只是或只应该是用感性的和令人喜欢的形式来包装有用的真理，故而，在类似情况下，人们并不会想着要掩饰只是作为真理之外衣的谎言，仅仅是为一个寓言而讲述一个寓言的人，根本就不能算是在撒谎。

还有些虚构是纯粹闲扯的游戏，绝大多数的故事和小说就是如此，它们并不含有任何真正的教育意义，其目的只是为了消遣。这些虚构，不带有任何的道德实用性，只能够根据那个虚构它们的作者的意图来评价，假如编撰者是带着一种十分肯定的态度，把它们作为实际发生的事实来讲述，那我们就很难否定它们真的是谎言。然而，谁又对这些谎言有过太大的顾忌，谁又对那些编撰它们的人有过一种严厉的指责呢？我们来举个例子吧，假如《格尼德神殿》[1]这部作品有着某种道德目的，那么，这一目的也已经被作品中淫秽的细节和色情的形象狠狠地遮蔽了，抹却了。而作者为了在那上面覆盖一层适度节制的外衣，到底做了什么呢？他假托这篇作品是一部希腊文写的手稿的译本，而为了让读者对他故事的真实性深信不疑，他还绘声绘色地杜撰了整整一个关于手稿是如何发现的故事。假如这还不算是地地道道的谎言，那还有什么才是谎言呢？不过，话又说回来，有谁考虑过要去控告作者犯了撒谎的罪，并由此把他当作一个诈骗者来的？

人们也许会说，这只是一个玩笑，一味使用肯定语气的作者其实并不想说服任何人，再说实际上他也没有说服任何人，而公众一分一秒都没有怀疑，确信他就是那部作品的真正作者，而不是所谓希腊文手稿的译者。但他们再这么说都没用，我要回答的是，这样一种毫无任何目的的玩笑纯粹是一种幼稚的蠢举，即便一个撒谎者的肯定说法没有说服别人，他丝毫也不会改变自己撒谎的实质，而且，我们应该把有知识有文化的公众与那些头脑简单得会相信手稿故事的读者区分开来，毕竟那样的普通读者才是多数，他们会相信，那故事是一个严肃作者带着诚信的口吻讲述的，那就是真实的，他们毫无畏惧地喝下了在一个式样古老的酒杯中的毒酒，而

---

[1] 《格尼德神殿》（Le Temple de Gnide）是18世纪法国启蒙思想家孟德斯鸠的作品，1725年匿名发表并假托翻译自希腊语，这是一部散文体的诗歌作品，共有七歌。作者在序言中说，作品的主旨是要说明，"我们的幸福是因了心中的情感，而不是感官的愉悦"。

倘若装毒酒的是一个现代式样的器皿，他们兴许稍稍还会产生一点点疑心。

这样的区别，无论是不是存在于书本中，反正，在任何一个能真诚对待自己的人心中，它是不会不清楚的，因为他绝对不会让自己受到良心的谴责。因为，为自己的利益而说谎，跟为损害他人利益而说谎一样，不会不是撒谎，尽管前一种谎言的罪孽不是那么大。把利益给了本不该得的人，就是在扰乱秩序与公正；把一个有可能招来赞美或责难，有可能受到控告或辩解的行为，错误地强加到自己头上或者他人头上，就是在干一件非正义的事；而与真相相对立的，无论以什么方式伤害着正义的一切，则全都是谎言。切切实实的界限就在于此；但是，倘若仅仅与真相相悖，却丝毫无关乎正义，那就只是一种虚构，谁若是因一种纯粹的虚构看起来很像是一种谎言而谴责自己，那么我不得不承认，他的良心确实比我要精致微妙得多。

那些所谓善意的谎言，都是真正的谎言，因为，要把这样的谎言强加于人，无论是为他人的利益，还是为自身的利益，其撒谎的本质都不会变，与以伤害他人为目的的撒谎相比，它们同样都是不公正的。谁若违背了真相而赞美或责难一个真实存在的人，谁就是在撒谎。假如涉及的是一个想象中的人，那么，他就尽可以说他想说的，而不至于撒谎，除非他要对他所虚构的事情的道德意义加以评判，而且是作出了错误的评判；因为那样的话，即便他没有就事实本身撒谎，他也因有悖于伦理道德的真理而撒了谎，而道德真理要比事实真相更受人百倍的尊重。

我见过这样一些被上流社会人士称为真实人的人。他们全部的真实性都耗用在了无聊的谈话中，他们忠实地借用地点、时间、人物，不让自己有丝毫的虚构，不对故事情境作一丁点儿的文饰，不作丝毫的夸张处理。在不涉及他们利益的任何方面，他们的叙述始终保持着最不可动摇的忠诚。但是，只要一涉及跟他们有关的事，一叙述到与他们休戚相关的事实，他们用来展示事物的所有色彩，就会在最有利于他们的光线之下刻意渲染，而假如谎言对他们有用，但他们又不方便自己说出来，那他们就会灵活自如地偷梁换柱，暗示人们不知不觉地接受它们，而根本就不会让怀疑落到他们的头上。出于谨慎，他们必须如此；至于真实性，那就永别了。

而被我称作真实的人做得正好相反。在那些彻底无足轻重的事情中，别人如此尊重的真相，很少会触动他的心，他很少不会冒冒失失地用一些捏造的事实来取悦于同伴，只要从这些所谓的事实中不得出不公正的评判，无论是赞同还是反对，同时也不针对任何人，无论是死人还是活人。但是，任何一种话语，只要它违背正义与真理，那么，无论它会给某个人带来好处还是损害，尊重还是蔑视，赞美还是责难，它就是一种谎言，那是永远也不能涌上他的心间，流露于他的嘴边和笔尖的。即便与自己的利益相冲突时，他也是坚定不移地真实的，尽管他在那些无聊的对话中很少会因此而自我炫耀；他是真实的，他根本就不寻求欺骗任何人，他对责备他的真相跟对给他荣耀的真相是同样的忠诚，他从来不会为了自己的利益行骗，也不会为了给敌人带来伤害而作什么欺骗。我所说的真实的人与另一种人之间的区别在于，上流社会的那一位会对任何与己无关的真相十分忠实，但他绝不会超越这一步，而我所谓真实的人，正是在需要为真相而献身之际才更显其对真相的忠诚。

但是，有人会说了，既然我如此看重这种人对真理的这一热烈的爱，又怎么会为这一爱赋予那样的一种缓和呢？如此说来，这种爱是不是虚假的呢？既然它掺杂了那么多的杂质？不，它是纯洁而又真实的：但它只是对正义的一种爱的流露，从来就不会是假的，尽管它常常出奇得令人难以置信。正义与真理在这种人的头脑中是两个同义词，他对它们是一视同仁的。他满心欣赏的这一神圣的真理绝不基于一些无关紧要的事实，一些一无用处的名称，而是基于那真正属于每一个人的东西，他要把每个人本该得的东西忠实地归还给他们，种种报应，功绩或罪过，荣耀或责难，赞美或指摘。他不会弄虚作假，也不会刻意地反对谁，因为他的公道心阻止了他那样做，他不想不公平地或是为了他自己而伤害任何人，因为他的良心会阻止他那样做，他不会把属于别人的东西据为己有。他最为珍惜的应该是他的自尊自重；这是他最须臾不可丢失的财富，假如以这一财富为代价，他获得了其他人的尊重，那么，他会感到一种真正的丢失。因此，有时候他也会在一些无关紧要的事情上毫无顾忌地撒点儿谎，却丝毫不觉得那是在撒谎，因为他丝毫就不是为了去害人害己，或者为了利人利己。而假若事关历史的真相，事关人们的品行举止、事关社会正义、人与人之间的关系准则、有用的知识，事关这一切，那么，他将会竭尽自己的所能，保护自己和他人不出一丁点儿的差错。这之外，任何谎言在他看来可都不算是什么谎言了。如果《格尼德神殿》是一部有益的作品，那么所谓希腊文手稿的故事就只是一个很天真无辜的虚构；而假如这部作品本身很危险的话，那么，这个所谓手稿的故事就是一篇很该受惩罚的谎言了。

这就是我关于谎言与真理问题的良心法则。在我的理性接受这些法则之前，我的心灵早就自发地跟随它们走了，完全只是出于道德本能的行为。可怜的玛丽永成为牺牲品的那次可恶的谎言，给我心中留下了不可磨灭的悔恨，也让我在余生中不仅不再说任何此类的假话，而且还避免以任何方式去说会伤及他人利益与名誉的任何谎言。通过把是否损害别人的利益和名声作为界线，我排斥的范围就得到了推定，也就省却了再去一一衡量利弊得失的麻烦，不用再去确切界定什么是有害的谎言、什么是善意的谎言了；我把两者都看作罪恶，这样也就禁止自己再去触犯其中的任何一种了。

在这件事上就如在其他一切事上一样，我的脾性很大程度上影响了我的处世格言，或者更确切地说，影响了我的日常习惯；因为我很少会按规矩处事，或者说，在任何事情上，除了听凭天性的冲动，我很少听从别的什么规矩。我从来没有预先想好要撒一个谎，我也从来没有为自身的利益而撒谎；但是我常常会因害羞而撒谎，只为在一些无关紧要的小事上，或者至多在只跟我一个人有关的小事上，让自己摆脱困境，例如，当我需要稳稳地撑住一段会话时，我思维的迟钝缓慢和我会话的枯燥无味会迫使我求助于虚构，以便嘴里总有一些话可说，不至于彻底冷场。当我必须开口说话，而有趣的真话又没能及时地来到我的头脑中时，为避免哑口无言，我就会编撰一些寓言故事；但在虚构这些寓言时，我会很小心，尽可能地让那些寓言不成为谎言，就是说，让它们既不伤害正义，也不伤害应当为人所知的真相，让它们仅仅是对所有人以及对我本人全都无关紧要的虚构。我希望，至少能够用一种伦理道德上的真理来代替一下事实上的真相，就是说，好好地再现一下人心中自然情感的流露，并且始终从中得出某种有用的教益，总之一句话，让它们成为道德故事，道德寓言；但是，若是想从这样一类喋喋不休的闲言碎语中汲取教益，就需要我具有我尚还不具有的更敏捷的才思，以及更流利的口才。由于会话的进程要比我思维的速度快得多，这就迫使我几乎永远都要在动脑之前先动嘴，这样，我便常常会说一些与我的理性完全相悖的傻话，这些蠢话刚一从我的嘴里秃噜出来，我的内心就在反对了，但是，它们早已赶在了我自身的判断之前，根本无法再通过理性来修正了。

依然还是在脾性的这一原始的、不可抗拒的冲动之下，在某些始料不及的紧急时刻，羞耻与腼腆常常会从我的口中掏出谎言来，那些谎言，都是迫于必须应答及时而硬生生地憋出来的，从本意上我是决计不想说的。回忆可怜的玛丽永受委屈之事带给我的深刻印象，足以让我永远克制住不说那种有损于他人的谎言，但它保证不了，当事情只涉及我一个人时，我就不会再说那种能帮我摆脱困窘的谎言，尽管，比起那些会影响到他人命运的谎言来，这些谎言同样也都是违背我的良心和我的原则的。

我可以对天发誓，倘若事后我能收回我本意只想作自我辩解的谎言，并说出让我负罪深重的真相，而且不至于因我的反复无常而蒙受新的耻辱，我当然会心甘情愿地那样去做；但是，把我带入到错误之中的耻辱让我依然迟疑不决，我真心为我的错而懊悔，然而却又没有勇气修正它。有一个例子能更好地解释清楚我要说的话，它将说明，我撒谎既不是出于利益驱使，也不是出于虚荣心，更不是出于渴望或者恶意，而仅仅是出于尴尬和羞耻，有时候，我甚至明明心里很清楚，这一谎言的原委大家全都知道，而且它根本就帮不了我任何忙。

不久前，富尔基埃先生[1]破例邀请我带上我妻子，跟他以及他的朋友伯努瓦一起，前去开餐馆的瓦卡森夫人家参加一次野餐，瓦卡森夫人的两个女儿也跟我们一起吃。晚餐中，那个已经结婚并有了身孕的大女儿突然直瞪瞪地盯着我，问我是不是有过孩子。

我回答说没有这个福分，说话时满脸通红，连眼睛都红了。她不怀好意地瞧着在座者，微微一笑：这一切不言自喻，连我自己也心知肚明。

---

1 这位富尔基埃先生应该就是约瑟夫-富朗索瓦·富尔基埃（Joseph-François Foulquier，1744—1789），法国画家，卢梭的朋友。

首先，很明显，就算我当时有欺瞒之心，这一回答也绝非我的本意，因为，从当时向我发问的那个姑娘的表情来看，我确信，我的否定性回答丝毫也改变不了她在这一点上的看法。人们早就期待着我的这一否定回答，甚至还在诱发它，为的是能享受到那种逼迫我撒谎的愉悦。我还不至于愚钝透顶，连这一点都觉察不出来。两分钟后，我本该作出的回答才姗姗来迟地出现在我的脑子里。"这样一个问题，由一个年轻女郎向一个老单身汉提出，颇有些不太得体吧。"如果我这样说，那就既没有撒谎，也没有因不得不作任何的承认而脸红，此外还能让对方成为取笑的对象，总之，那样，我就算是给了她一个小小的教训，自然应该能让她在对我发问时变得稍稍不那么放肆无礼，不那么直截了当。但所有这一切我却并没有做，该说的我没有说，我说的却是不应该说的，是对我毫无用处的。很显然，有一点是可以肯定的，我的判断也好，我的意愿也好，对我的回答都没有过丝毫的授意指导，我的回答只是我一时情急之下的机械后果。以前，我从来没有过这种尴尬，我总是直率多于羞愧地承认我的错，因为我不怀疑，人们会看到我对错误的弥补，因为我能感觉到，自己的内心是有改错之意的；但是，人们恶毒的眼光让我伤心，让我困惑；我在变得更为不幸的同时，也变得更为腼腆，而我向来都只是因腼腆才撒谎的。

我只是在写《忏悔录》时，才比以往任何时候都更深地感受到自己对谎言天生的无比厌恶，因为正是在那时候，谎言的诱惑会是那么频繁，那么强烈，只要有一念之差，我就会被带偏到那一边。但是，我远没有缄口不语，远没有遮掩该由我承担的一切，通过一种我很难对自己解释清楚的，兴许来自于对一切仿造的天生反感的性情，我反而觉得自己是在相反的方向上撒了谎，因为我过于严厉地指责了自己，而不是带着过多的宽容来原谅自己，我的良心向我保证了，会有那么一天，我受到的审判将会远不如我的自我评判那么严厉。是的，我可以带着一种引以为傲的高尚灵魂这么说，这么感觉，我在这部作品中倾注了很多很多的良知、真诚、直率，甚至比任何一个其他人都要多，至少我是这样认为的；我感到我身上的善大大地超过了恶，我有必要把这一切都说出来，因此，我也就那样说了。

我从来没有说得稍欠一些，有时我甚至还会多说一些，不过不是就事实本身，而是就事态情势，而这样的一种谎言，与其说是一种有意的行为，倒不如说是疯狂想象力的产物。我甚至还不应该把它称为谎言，因为这样的添油加醋，没有一种算得上是谎言。我写我的《忏悔录》时已经步入了老年，我早已厌恶了生活中那些曾经有过的徒有虚名的乐趣，那都是一些过眼烟云，我的心只感觉到它们的虚空。我是凭借记忆来写的书，而我的记忆常常短缺，或者只为我提供一些不甚完整的回忆，我得想象一些细节作为这些回忆的补充，来填补其中的空白，而这些细节则从来不会跟事实彻底相悖。我喜欢在生命的那些幸福时刻里尽情徜徉，有时候我会美化它们，为它们点缀一下，那是温柔的感怀前来为我提供的。那些我已经忘记的事，我会把它们说得就像它们本来应该是的那样,就像它们兴许真的会是的那样,反正,我绝不会把它们说成跟我回忆中完全相反的样子。有时,我还借给真相以一些陌异的魅力,但是我从来没有用谎言来掩饰我的罪恶,或者用德行之名来点缀自己。

如果说,偶尔,在描绘自己侧面像的时候,出于一种不由自主的运动,我也曾不知不觉地遮掩住了丑陋的一面,那么,那些迟疑不决也得到了另一些更奇特的迟疑不决的补偿,而后者常常让我在缄口不说好话方面比起闭嘴不说坏话做得更小心翼翼。这是我天性中的一大特点,人们对此往往不信是情有可原的,但是它,再怎么难以令人相信,倒也是很真实的:我说自己坏话时常常不怕它有多么卑鄙可耻,而我在说自己好话方面却很少说得多么可爱,我常常会闭口,根本就不谈它,因为它会给我脸上贴太多的金,在写作我的《忏悔录》时,我简直就像是要为自己唱赞歌。我描绘了我的青年时代,却并未赞扬我天性中的种种好品质,我甚至还删除了一些太多展示它们的事实。在此,我就回顾两件童年时代的事,在我写《忏悔录》一书时,这两件事全都来到了我的记忆中,但出于我刚刚说到的唯一理由,我把这两者都放弃不写了。

那时候,几乎每个星期日,我都要去住在帕基[1]的法齐先生家,他娶了我的一个姑妈,在那里开了一家生产印花棉布的工厂。一天,我跑到轧光机房的晾布架那里,瞧着轧光机

---

1 帕基(Pâquis)是日内瓦的一个区。

的铁滚筒：它们闪闪发亮的光泽吸引了我的目光，我跃跃欲试地想用手指头去摸一摸，正当我满心喜欢地碰触到圆筒光滑的表面，他们家的小法齐就在一旁转动了飞轮，让它微微地转了小半圈，刚好把我最长的那两根手指头的指尖卷进了滚筒；但这足以把我的指尖轧得粉碎，连同两片指甲也留在了里头。我一声尖叫，法齐赶紧倒转轮子，但指甲依然还是留在了滚筒里，血从我的手指头上流下来。法齐吓呆了，叫喊起来，过来一把抱住我，恳求我低声一点，还说这下他可完蛋了。当时我疼痛到了极点，但他的痛苦还是感染了我，我便不吭声了，我们来到了蓄水池边，他帮我洗干净了手指，用苔藓为我止了血。他含泪求我不要告发他；我答应了他，并信守诺言，就这样，二十年后，始终没人知道我两根手指上的伤疤是怎么来的；因为这伤疤是永远地落下了。我在床上躺了三个多星期，而足足有两个多月我不能使那只手，我坚持说是一块大石头掉下来压碎了我的手指头。

宽宏大量的谎言啊！难道，还有比你更美的真相让我更喜欢吗？[1]

这次事故以其时间地点的特殊性给我留下了特别深的印

1　原文为意大利语："Magnanima menzôgna！or quando è il vero Si bello che si possa a te preporre？"语见意大利文艺复兴晚期诗人托夸多·塔索的长篇史诗《被解放的耶路撒冷》的第二部第二十二歌。是索芙罗妮的一句话，她为救基督教徒，承认了她并未犯下的罪行。

象,因为它发生在我要参加市民军事操练的时期,我本应该穿上制服,跟另外三个与我年纪相仿的孩子排成一排,一起参加本街区团队的操练。而结果呢,我痛苦地躺在床上,听到军鼓就在窗外咚咚敲响,而我的团队正从那里经过,其中就有我的三个小伙伴。

我的另一个故事跟这个也很相似,但发生在年龄稍大些的时候。

我跟我一个名叫普兰斯的同学在普兰宫[1]玩槌球。游戏中我们争吵起来,打起架来,他朝我的脑袋狠狠地来了一槌,下手要是再狠一点,脑袋恐怕就会开花。我当场就倒下了。这个可怜的男孩看到血从我的头发中流下来,还以为把我杀死了呢。他一下子扑到我的身上,紧紧地抱住我,泪如雨下,发出尖厉的叫喊声。我一生中从未见过有人像他当时那样激动。我也像他一样,一边哭,一边使尽全力地抱住他,模糊的激动中不无些许的温柔。紧接着,他开始动手为我止血,见我们的两块手帕根本就不顶用,他就把我带到他母亲那里,他母亲在附近有个小花园。那位善良的女士看到我的那副鬼模样,吓得差点儿晕了过去。但她还是很坚定地鼓起勇气来为我包扎,她给我仔细地清洗了伤口,为我敷上浸过了酒精的百合花,那是在我家乡十分流行的一种治伤敷药,很灵的。她的眼泪跟她儿子的眼泪一同流进了我的心,很长时间里我都把她看作我的母亲一般,而把她的儿子看成我的兄弟,直

---

[1] 普兰宫是日内瓦的一地。

到后来我们彼此长时间不再碰面后，我才渐渐将他们忘却。

对这一次事故，如同对另外那次事故，我全都守口如瓶，在我的一生中，类似性质的事发生过不下一百件，我甚至都没有尝试着在我的《忏悔录》中来说一说，因为，我根本就不想在书中大肆宣扬我感觉我性格中那些善良的东西。不，当我说出一些违背我所了解的真相的话时，那仅仅是在一些无关紧要的小事上，并且，更多的是为摆脱说话时的尴尬，或是为写作时的愉悦，而不是出于任何自我利益的目的，也不会出于想讨好他人、损害他人的念头。将来，无论谁，只要他不带偏见地来读我的《忏悔录》——假如会有这样的人——他就会感觉到，我在书中招供的那一切，比起招供一种更大的恶来，往往要更让人丢脸，做起来也更难，而那种恶，我在书中并没有说，因为我根本就没有做过。

从所有这些思考中，可以得出这样的结论，我所主张的真实，其根基更多地建立在正直与公道的情感上，而不是在事物的现实性之上，在实践中，我遵循的更多的是我良心上的道德方向，而不是真与假的抽象概念。我常常编制兜售不少寓言，但是我很少撒谎。在遵循这些原则时，我给别人留下了很多攻击我的把柄，但是我从未损害过任何人，我也没有给过我自己本不应得的更多好处。我觉得，只是因为这一点，真理才算得上是一种美德。若是换作别的，它对我们来说，就只是一种形而上的存在，从中既得不出善，也得不出恶。

然而，我并不觉得我的心对这些区分相当满足，我不认为我是完全无可指责的。通过如此仔细地掂量我对他人的亏欠，我是不是就足够地检查了我对自己的亏欠了呢？假如要做到待人公正，就必须真心待己，这是一个正直的人对自己的尊严应有的一种尊重。当我在会话中陷于窘境，不得不无话找话，补充一些无伤大雅的虚构故事时，我错了，因为绝不应该为了取悦他人而让自己跌份；而当我被写作的愉悦所牵引，为一些真事增添虚假的装饰时，我更是错了，因为用寓言来点缀真相，实际上就是歪曲了真相。

但是，让我觉得自己更加不可原谅的，是我选择了那条格言来作为座右铭[1]。这一座右铭比任何一个别的人都更迫使我坚定地信奉真理，而我为它到处牺牲我的利益与我的意向还是不够的，我还必须为它牺牲我的偏爱以及我腼腆的天性。必须得有勇气与力量做到永远真实，无论如何，永远都不要让任何虚构与寓言从我们口中或笔底出来，任何一张嘴，任何一杆笔都要为真理而奉献。这就是我在选择那条豪迈的格言时本该对自己说的，我该不断地重复提醒自己。我的谎言从来不是来自于虚伪，而是全都来自于软弱，但这一点还不足以为我辩解。带着一个软弱的心灵，人们至多也就能做到避免犯罪作恶，但是要斗胆声明信奉伟大的美德，那未免就有些太狂妄，太傲慢了。

若不是罗西埃神甫给了我种种建议，上述这番思考恐怕永远都不会进入我的头脑中。无疑，要想付诸实践，不免为

---

[1] 即上文所说的罗西埃神甫的题词"为真理而献身"。

时已迟；但是，要想纠正我的错误，让自己的意愿重归于准则，至少还不算太晚：因为，这就是从此之后取决于我的一切了。因此，在这一点上，以及在所有类似的事情上，梭伦的箴言适用于所有的年纪，而要学得睿智、真实、谦逊，不过高地看重自己，即便需要从敌人那里去学，也是从来不会太晚的。

漫步之五

在我住过的所有居所（我还真的有过一些迷人的居所呢）中，没有一处比得上位于比埃纳湖中央的圣皮埃尔岛[1]，它让我感受到一种如此真切的幸福，给我留下一番如此温柔的怀念。人们在讷夏泰勒[2]把这个小岛叫作土块岛，它不太有名，甚至在瑞士也默默无闻。据我所知，没有任何一个旅行者提到过它。然而，它风光迤逦，所处的位置对一个生性喜爱深居简出的人来说是再好不过了；因为，尽管我兴许是世上唯一一个命中注定的独居者，我也无法相信自己是唯一一个天生抱有这种趣味的人，只不过，迄今为止，我还没在任何一

---

1. 比埃纳湖（lac de Bienne）位于瑞士伯尔尼区，是汝拉山脉脚下的三大湖之一。1765 年，流亡中的卢梭在湖中的圣皮埃尔岛（l'île de Saint-Pierre）曾住过六个星期。
2. 讷夏泰勒（Neufchâtel）在瑞士，是个小公国，1762 年 6 月 9 日，巴黎的最高法院下令逮捕卢梭，卢梭提前于 8 日得到报信，为避祸而不得不离开法国来到瑞士。他得到普鲁士国王腓特烈二世的准许来到普鲁士王国治下的讷夏泰勒的特拉维尔山谷中的莫蒂埃村（Môtiers），住了三年多。也正是在莫蒂埃村，1765 年 9 月 18 日，卢梭因为作品《山中来信》而遭到了一些不明身份人的石块袭击。袭击之后，因无法再在莫蒂埃村住下去，卢梭这才搬到约四公里外的圣皮埃尔岛居住。10 月 25 日，卢梭被迫离开圣皮埃尔岛，逃往斯特拉斯堡，再经巴黎去英国，寄住于休谟家。

个人身上发现过这一趣味。

比起日内瓦湖的岸畔来，比埃纳湖的岸畔要更有野趣，也更浪漫，因为岩石与树林离水边更近；但并不因此而输其秀美。如果说，这里的田地和葡萄园会少一些，城镇和房屋会少一些，那么反过来，自然的绿颜色、青草茵茵的牧场、树木庇荫下的幽静之地则会更多一些，彼此对照鲜明的景象以及起伏不平的地势也会更多一些。由于美丽的湖畔没有什么大路能让车子顺利通行，这地方也就终年不见有太多的旅行者过来；但是，对喜爱陶醉于大自然之无穷魅力、喜爱在一片寂静中沉思冥想的孤独眺望者来说，这一景色是趣味十足的，这一寂静，唯有一两声老鹰的叫声，几只小鸟儿的怯怯鸣啭，还有山涧激流的潺潺声才能打破。这个美丽的湖，形状几近于一个圆圈，湖中央有两个小岛，其中一个有人居住，开垦有庄稼地，周长两公里左右，另一个则更小些，一片荒芜，冷冷清清，日后很可能会被彻底毁掉，因为人们不断地把那里的泥土挖走，运到那个大岛上去，以弥补海浪和暴风雨所带来的损害。正是如此，弱肉强食，小岛的资源总要用来补给大岛的。

岛上只有一栋房屋，但房子很大，便利而又舒适，它跟该岛本身都属于伯尔尼医院的产业，里面住着一位税务员，连同他的家人和仆人。他在岛上开辟了一个养殖场，饲养了很多家禽，还有鸟笼和鱼塘。岛虽狭小，却地形复杂，地貌多样，为人提供了各种各样的景色，呈现出多种多样的植被。有耕田、葡萄园、树林、果园、肥美的水草、浓荫密密的灌木，水边的植物全都长得很茂盛，郁郁青葱；一个种有两排树木的高高平台，沿着小岛的纵向一字儿排开，而在平台的正中央，建有一个漂亮的客厅，到了葡萄收获的季节，每逢星期日，附近湖滨的居民都会聚集到这里来跳舞欢庆。

莫蒂埃村的石击事件之后，我正是躲避到了这个小岛上。在这里小住的日子确实太迷人了，我整日里别无所虑，过着一种与我的脾性十分契合的悠闲生活，简直就打算在此白首终老了。但是，我担心人们不让我实施这一隐居计划，而要把我带到英国去，因为我预感到他们就快要那样做了。在如此的焦虑中，我反倒真的很期待这一隐居变成一种永久的囚禁，永远地剥夺我从这里逃走的一切力量与希望，让我终生在此度过。我希望人们禁止我与岛外的一切交流，让我对世界上发生的所有事全都一无所知，如此忘却它的存在，也让人们忘却我的存在。

人们只让我在这个岛上住了短短两个月，而我，即便要在那里待上整整两年，甚至两个世纪，甚至永生永世，我都不会厌烦一分一秒的，尽管，我在小岛上除了我的伴侣[1]之外，只有那个税务员以及他的夫人和仆人可以做我的同伴，说实话，他们当然都是很好的人，但也仅此而已，但这恰恰就是

---

1 指泰蕾丝·勒瓦瑟（Marie-Thérèse Le Vasseur，1721—1801），她本来是卢梭的女仆，自1745年起，她即和卢梭同居，两人先后有过五个孩子，但都被卢梭送到了育婴堂。直到1768年，她与卢梭才正式结婚。卢梭死后，她成了他的财产与著作权的继承人。

我所需要的。我把这短短的两个月看作我生命中最幸福的时光,幸福得足以让我整整一生只回味这一美好,而脑子里连一秒钟都不会生出任何一种别的渴望。

这是一种何等的幸福啊?对它的尽情享受又是建立在什么基础上的呢?我要让本世纪的所有人根据我对我在那里过的日子的描述,来猜一猜这一幸福的样子。珍贵难觅的悠闲便是我愿意尽情品味的这类享受的第一位和最基本的因素,在我小住期间,我所做的一切,实际上只是一个醉心于悠闲的人所必需的同时又十分甜美的消遣。

这样的一种期望,即人们什么都不再企求,而只求让我留在这一隐居中,与世隔绝,孤芳自赏,若无他人帮助便根本无法在众目睽睽之下从中逃脱,而我也只有靠周围人的协作才能与外界取得交流和联系,这一期望,我要说,给了我一种希望,即比以往任何时候都更宁静地度过我的余生,而一想到我还有时间随心所欲地悠闲下来,我就开始根本不作任何安排地得过且过了。我突如其来地就被命运扔到了那里,孑然一身,一无所有,后来,我才陆续叫来了我的女管家[1],搬来了我的书,以及我简单的行李,说实在的,我倒是乐得不开包动那些行李的,就那样,让我的那些大箱子、小行李箱全都原封不动地留在那里,就这样,我心里想着要在这房屋中度过余生,而从表面来看,却又像是住在一个第二天就

---

[1] 当指卢梭的夫人泰蕾丝·勒瓦瑟。

得离开的小旅舍中。一切东西全都保持原样,那样实际上更好,而假如要想把它们好好整理一番,反倒会乱套的。我的一大充满乐趣之事,就是让我的那些书全都永远封存在箱子中,搁置在一旁,而且手边也没有写字用的笔墨。当一封封不幸的来信迫使我拿起笔回信时,我会嘟嘟囔囔地去向那位税务官借笔墨纸砚,用完赶紧归还,还无谓地奢望下一次再也不用去借了。我不再去碰那些可怜兮兮的纸张,去读我那些书籍,而是用各种各样的花花草草填满我的房间;因为那时候我刚开始狂热地爱上了植物学,那还是迪夫尔努瓦大夫[1]启迪了我这方面的兴趣,而兴趣则很快就变成了一种激情。我不想再做任何所谓的正经事,只想来一种好玩的消遣,它不但能让我开心,而且还无需我付出太多努力,只需像个懒人那样随意做一做就行。我开始着手《圣皮埃尔岛植物志》一书的编撰,想好好地描绘这个岛上的所有植物,连一花一草都不遗漏,而且要提供足够的细节,以此来耗尽我余生的时光。我听说,曾有一个德国人就柠檬皮的话题写了一本书,我自己也打算就牧场上的每一株禾本科植物,就树林中的每一块苔藓,就岩石上覆盖的每一片地衣写上一本书;总之,我要细致入微地描绘一切,连一根小草,一点点植物毛毛都不愿错过。为完成这一美好的计划,每天上午,跟大家一起

---

[1] 迪夫尔努瓦(Jean Antoine d'Ivernois,1703—1765),瑞士医生、植物学家,他于1762在莫蒂埃认识了卢梭,他对植物学的热情大大地影响了卢梭。卢梭在《忏悔录》一书中对此有所叙述。

吃完早餐后,我就手里捏着一个放大镜,胳膊底下夹了一本《自然体系》[1],出发去岛上的一个区域浏览了,我为方便浏览起见,把小岛划分为一个个小方块,这样就能在每个季节中依次把它们统统走上一遍。每次观察植物的构造与组织,观察我本来完全不清楚其机制的开花结果期中雌雄器官的种种游戏时,我都会感受到一种欣喜若狂,一种心醉神迷,而在这世界上,再也没有比这样的欣喜若狂、这样的心醉神迷更美妙的事了。早先,我对植物生成特性方面的区别一无所知,而如今,这方面的区别让我着迷,通过对共同种类的验证核实,我期待它们能为我提供更加珍稀的品种。夏枯草的两根雄蕊很长很长,顶端分了叉,荨麻和墙草的雄蕊则极有弹性,凤仙花的果实跟黄杨树的蒴果成熟后则会爆裂,我第一次观察到的这千百种开花结果的小小游戏,都让我心中充满喜悦,我甚至还会问一声,你们是不是见到过夏枯草的花序形状,就像拉封登会问人是不是读过《哈巴谷书》[2]。两到三个钟头的漫步之后,我会带着一份满满的收获回来,这些有趣的成

---

1 《自然体系》(1735)是瑞典植物学家林奈(1707—1778)的主要著作。林奈建立了动植物命名的双名法(即属名和种加词),对动植物分类研究的进展有很大的影响。

2 《哈巴谷书》(Habacuc)是《旧约》中的一部,记载了耶和华对先知哈巴谷的默示、先知的哀求、神的答复、哈巴谷的祈祷和颂赞。此处卢梭所说有误,传说,寓言诗人拉封登总爱问人是否读过《巴录书》,并称《巴录书》为天才之作。《巴录书》(Baruch)是"圣经"的"次经"(也被称为"正典"之外的"后典")中的一卷,为先知耶利米的助手巴录所作的四篇简短的演说词。

果往往足以让我在屋子里消磨整整一个下午的时光，假如下午下雨的话。而上午剩余的时间，我会用来跟税务员、他妻子以及泰蕾丝一起出门，去走访他家的工人们，看看他们的收获，更为经常的，是跟他们一起动手劳动一会儿。而通常，前来看望我的一些伯尔尼人，会发现我就爬在高高的大树上，腰间挎了一个包包，里面装满了我采摘的果子，我随后会用绳子把包包放下来，撂在地上。我在上午完成的那种操练，以及与之密不可分的好心情，会把午饭的那种十分舒适的休闲还给我；但是，如若午饭时间拖得太久，下午的晴好天气又会邀我外出，我就会急不可耐了，根本无法在屋子里等上太长时间；当其他人还在饭桌上的时候，我便偷偷离席开溜了，我会独自一人扑到一条小船上，趁着湖水平静之际，驾小船一直到湖中央，在那里，我会摊开手脚，平躺在小船中，目光转向天空，就这样，我任凭小船在湖面上随波漂荡，慢悠悠地晃着摇着，有时候会一连荡漾好几个钟头，彻底地沉湎于千百种混沌杂乱却又美滋滋的遐想中，这些遐想本无任何确定的、始终如一的对象，但在我的心目中，比起在人们所谓的生活之愉悦中我能找到的一切最美妙的东西来，这一遐想真的要好上一百倍呢。通常，西下的夕阳会向我发出警告，告诉我该是返回的时刻了，而我却离小岛那么那么远，不得不使尽全力地划桨，赶在天黑之前回到岛上。还有那么几次，我倒是并没有在湖水中偏离，而是开开心心地在湖边荡舟，沉浸在岸畔一大片碧绿青翠的植物中，而碧透的湖水与清凉的树荫常常诱我下湖戏水。但是，我最经常干的一件航船活儿，还是驾船从大岛驶向小岛，在那里下船上岸，度过整整的一大段餐后时光，我一会儿紧紧围绕着树林，漫步于药炭鼠李、春蓼，以及各种各样的灌木丛之间，一会儿又坐到一个小沙土丘上，那上面长满了青草和欧百里香，开满了一朵朵野花，甚至还生长有岩黄芪和三叶草，很可能以前有人播撒过草种。那地方最适合养兔子了，兔子尽可以在此平安地繁殖，丝毫不会受到惊扰，当然对自然也不会有任何损害。我把这一想法告诉了税务员，他就让人从讷夏泰勒弄来了一些雄兔和雌兔，我们一行人，包括税务员的妻子、他的一个姐妹、泰蕾丝和我，浩浩荡荡地前往小岛安置放养兔子，就在我离开那里之前，它们已经开始添崽增仔了，也肯定会繁殖成群的，假如它们能忍得住冬季的寒冷的话。这样一片小小殖民地的建立真的是一个节庆。当我把一行人连同雌雄兔子从大岛胜利地带往小岛时，恐怕连阿耳戈号航船[1]的驾船人都不会像我那样自豪，我还不无骄傲地注意到，就连税务员夫人，一个平时极其怕水、总是会晕船的女子，居然也在我的行为的感召下，信心满满地登上了船，并且在整个航渡过程中没有流露出丝毫畏惧。

当湖面波浪汹涌，不允许我驾船出航时，我下午的时间就用来周游整个小岛，从右侧一直走到左侧，采撷各类标本，

---

[1] "阿耳戈号"是希腊神话中寻找金羊毛的英雄们乘坐的船，他们一共五十人，以伊阿宋为首，乘船前往科尔喀斯地方，冒险寻找极为珍稀的金羊毛。

一会儿在最迷人最荒僻的角落里坐一下,自由自在地遐想一阵,一会儿又登上平台与土丘,放眼望去,远眺湖面与岸畔的美景,只见它一面靠着连绵伸展的山脉,而另一面则扩展为富饶肥沃的平原,目光穿越平原后,能一直落到更远处蓝岚缭绕的山脉。

当傍晚来临,暮色昏苍,我便从岛中央的山峰上走下来,开开心心地来到湖边,就在沙滩上,在某个隐蔽的地方悄悄坐下;那里,波浪的拍击,水纹的涟漪凝定了我的感觉,从我的心灵中驱走了任何别的波动,让整个心沉入一种美妙的遐想中,慢慢地,夜幕就这样不知不觉地降临了。湖水一波紧接一波地涌来,浪涛声持续不断,却似乎又在渐渐地增强,毫不松弛地一顿一顿地敲打着我的耳膜,我的瞳孔,为我心中被宁静的遐想所熄灭了的内心运动作着某种补充,足以让我无需费力思索,就能愉快地感觉到我自身的存在。时不时地,我的心中也会生出某个微妙且又转瞬即逝的想法,感叹这世上万物的变化无常,那是动荡的水面为我提供的形象。但是,很快地,这些轻微的感觉就在给我以抚慰的千篇一律持续不断的运动中自行消散,这运动根本就不积极响应我的心灵活动,以至于当我被已晚的时光,被规定的信号召唤着回转时,我无法不作一番艰难的挣扎,才能摆脱眼前的困境,恋恋不舍地起身返回。

晚餐之后,如若夜空晴朗,我们就全体移步去大平台上,在那里悠闲地绕上一圈,酣畅淋漓地呼吸湖上飘来的新鲜空气,享受那一份清爽。众人在楼阁上歇息,欢笑,交谈,唱上一曲老歌，那可比扭扭捏捏的现代歌曲要强多了，最终，众人带着对整整一天的满意心情散去睡觉，同时期盼着第二天也会同样精彩。

撇开那些个不速之客的来访不提，那段日子中我在小岛上度日的方式也就是这个样子了。真希望现在有人能告诉我，这里头怎么会有那么多吸引人的东西，竟能在我心中激起如此强烈、如此温柔、如此持恒的怀念，十五年之后[1]，每每想到那个心爱的居住地，我还是不能不心旌摇荡，冲动不已。

在一段沧海桑田万般变迁的漫长生活中，我注意到，能带来最甜美享受、最强烈愉悦的年代，实际上并不是那些其回忆最能吸引我、最能触动我的年代。那些充满狂热与激情的简短时刻，尽管每每都是那么活跃，却也正因其本身的生气勃勃，而只能成为分散在生命之长线上的稀稀拉拉的一个个点。它们实在太稀少，太迅疾，难以构成一个常在状态，而我心中久久怀念的幸福，决非由那些迅即逝去的短暂瞬间所构成，它是一种简单却又恒久的状态，本身并不包含任何强烈刺激的内容，但它的持久则会为它的魅力增光添彩，并最终使人寻找到那种最高的至福。

人生的一切都在一波又一波持续不断地冲向大地的浪潮中。这里头，没有任何什么会保持着一种持久不变的形式，而我们附在外界事物上的爱的情感，就如事物本身一样，也

---

[1] 卢梭在圣皮埃尔岛小住是在1765年，而他在1778年去世，怎么算也不会有十五年的。

在必然地经历变化。它们始终在我们的前头或者后头，回顾一去不复返的往昔，或预见通常不应该会来的未来：这里根本就没有什么稳固之物，让我们的心得以依托。因此，在今生今世，有的只是会消逝的欢乐；而那种久留人间的幸福，我则很怀疑它是否存在。在我们享受到的最强烈的欢乐中，几乎找不到这样一个时刻，我们的心能真正对我们自己说：我愿这一刻永远持续下去；人们怎么能把一个转瞬即逝的状态叫作幸福呢？它只会让我们的心一直就留在忧虑忐忑与空虚无依之中，它只会让我们惋惜以往的某事，或者渴望未来的某事。

但是，假如存在着这样一种状态，我们的心灵能在其中找到一种相当坚固的稳定，从而得到彻底歇息，并把全身心都投入到里头，而根本不需要回顾往昔，也不需要展望未来；时间对它早已失去一切意义，现在之时在永远持续，却不留下其持续的印记，也不留下继承的痕迹，再也没有了任何别的情感，什么剥夺与享受，什么愉悦与艰难，什么渴望与畏惧，再也没有了别的，而唯独只有一种关于我们之存在的情感，只有这一情感才会整个地充满它；只要这样一种状态还在延续，那么，处于这一状态中的人就可以把自己称为幸福的人，那不是一种不完美的、可怜的和相对的幸福，恰如我们在生活的愉悦中常可找到的那一种，而是一种足够的、完美的和充分的幸福，因了它，我们的心灵没有丝毫的空虚，根本无须用什么来填补。这便是我在圣皮埃尔岛居住时常常发现自己所处的状态，尤其是在我作那些孤独的遐想时，我或是躺在小船上，随波荡漾，或是坐在岸边，观望波涛汹涌的湖水，或是在别处，在一条美丽小河或一条潺潺流过砾石堆的溪流的岸畔。

在一种如此的环境中，人们又能享受到什么呢？自身之外什么都没有，真的什么都没有，除了自身，除了自己的存在，而只要这一状态在持续，一个人便能自我满足，如同上帝。超脱了一切其他情感的自身生存的感觉，从其本身来说，是一种很宝贵的满意与平和的感觉，单单是它，就足以把生存的那种珍贵和甜美归还给那个善于从自己身上驱走种种世俗和感官上的诱惑的人，要知道，那些诱惑总是在不断地前来干扰我们的心智精力，扰乱此生的温馨美好。但是，绝大多数为持续不断的激情所左右的人，往往不怎么能体验这一状态，往往只是在短时间里对此浅尝辄止，不甚了了，因而对此也就只能留下一个模糊晦涩的概念，无法领略到其中的魅力。而且，在万事万物目前的秩序中，他们若是一味贪图这些甜美的迷醉，而对积极的生活感到厌倦，那样恐怕也不是很好，因为，对积极生活履行必要职责的需要总是在不断地重新产生，提醒他们负起责任来。但是，一个被人踢出了人类社会圈子，不再能在此生此世对他人、对自己作出任何有用之事的不幸者，倒也是能在这种达到了人类至福的状态中，找到命运与世人无法从他那里剥夺的种种补偿。

确实，这些补偿并不是能被所有的心灵，也不是能在所有的境况中感受到的。首先，人的心灵必须完全平和下来，没有丝毫的激情来干扰这一宁静。其次，光有这个也还不够，还必须有感受者的心情，以及周围对象的烘托。不应该有一种绝对的歇息，也不应该有太过的动荡，却需要一种均衡与温和的运动，既没有突兀的打击，也没有断裂的间歇。没有了运动，生活就只是一种麻木不仁、昏昏沉沉的嗜睡。而假如运动不平衡或者太过剧烈，则又会把我们从遐想中唤醒；通过提醒我们注意到周围的事物，从而摧毁了遐想的魅力，并把我们从内心中拉出来，一时间里将我们重新投入到命运与人类的桎梏底下，让我们重又感受到种种不幸。一种绝对的寂静则会让人忧伤。它提供的是一副死神的形象。因此，对那些天生赋有丰富想象力的人来说，求助于一种欢乐的想象就是必不可少且又自然而然的事了。这样，并不来自于外部的运动就会在我们的身心中启动。当然，安宁会减少一点，但是，当那轻盈而又甜美的想法，并不真正触及心灵的深处，只不过是微微掠过其表面，它同样也是很美妙的。只要有足够的想象力，我们就能回想起我们自身，而忘却自己所有的苦痛。这一类遐想，在人们能够安静下来的地方，是到处都能品尝到的，我常常想到，即便是在巴士底狱，即便是在一个眼前见不到任何东西的小黑牢，我也还是能够愉快地遐想的。

但是，必须承认，若是在一个富饶而又孤立的岛上，事情便会做得更好，更舒服，很自然，这样的一个岛得与世界的其余部分完全隔绝。在那里，眼前满是一片迷人的景象，在那里，没有任何事物能让我回想起忧伤的往事，在那里，数量很少的居民又会那么和蔼，那么温柔，却还不至于有趣得让我时时刻刻挂念在心；在那里，我能够整日里都毫无障碍、毫不小心翼翼地投身于我自身趣味所关注的事情中，或者最慵懒的悠闲中。对我这样的一个遐想者来说，如此的机会无疑是太美好了，我得以在那些最讨厌的东西的重重包围中为自己提供令我赏心悦目的奇幻形象，得以借助于一切能真正触动感官的形象，让自己自由自在驰骋在想象中。从一番长久而又甜美的遐想中跳出来后，我看到自己被苍翠的绿树、鲜艳的花卉、竞相鸣啭的百鸟团团包围，而仰头极目远眺，便可见一大圈浪漫无比的湖滨，还有一大片清澈无比的辽阔水面，眼前所有这些可爱的事物，我还以为全都出于我的虚构遐想呢，我最终发现自己被带回到我自身之中，带回到我身边围绕的万物中，我无法清晰地标记出虚构与现实之间的那个分界点；因为一切全都那么和谐，让我感觉，我在这美丽地方度过的隐居的孤独生活对我是那么珍贵。它难道还不能重生一遍吗？我难道就不能在这个亲爱的小岛上结束我的余生吗？从此绝不再从中迈出半步，绝不再去见陆地上的任何一个居民，因为他们只能让我回想起他们多年来一直蓄意加到我身上的各种各样的不幸灾难！他们很快就会被我永远忘得干干净净；兴许他们并不会把我给忘了，但这对我来说根本就无所谓，只要他们没有任何办法前来小岛上叨扰我的宁静，难道不是这样的吗？解脱了由喧嚣嘈杂的社会生活所孕育的所有人间激情后，我的心灵就会超越俗世的束缚，频繁冲向这一氛围之上，并提前就跟天使们产生交往，并期望能在短时期内就为后者增添数量。我知道，人们将不愿意送给我一个如此温柔的庇护所，他们定然不肯让我去那里。但他们至少不能阻止我每天都展开想象的翅膀飞往那里，一连好几个钟头尽情地品尝跟我居住在彼同样的愉悦。我在那里能做的最甜美的事，就是自由自在地尽情遐想。通过梦想到我自己就在那里，我不就正是做了同样的事吗？我甚至还做得更多呢；在一种抽象而又单调的遐想的诱惑之上，我还加上了让它变得生动活跃的种种迷人形象。至于它们的具体对象究竟是什么，我在以往的心醉神迷中也常常感觉不出来，而现在，我的遐想越是深远，它就越是为我把它们描绘得生动。如今，我常常比当我真的身临其境地在它们之中时还更感觉就在它们之中，而且感到更舒适，更愉悦。不幸的是，随着想象力的逐渐淡漠，这一切来得越来越难，而且持续不了太久。可惜啊，正当人们即将开始离开自身躯壳之际，人们却最为这躯壳所遮挡！

漫步之六

我们所做的任何不经意的机械运动,几乎没有不能在我们心中找到其缘由的,只要我们善于好好地寻找。昨天,我经由新的林荫大道,前往让蒂伊一侧的比埃福尔河沿岸[1]采集植物标本,快到当菲尔栅栏[2]的时候,我向右绕了一个弯,进入田野,然后我沿着枫丹白露大路走,走向那条小河的河边高地。这段路程就它自身来说当然没什么稀奇之处,但是当我回想起,我曾许多次不经意地走过这同一条路,我便在心中寻找其中的原因,而当我解开了这一谜团时,我情不自禁地笑了出来。

就在出了当菲尔栅栏不远处,林荫大道的一个角落,坐着一个女人,夏季里,她每天都会在那里卖水果,还卖药茶和小面包。这女人带了一个小男孩,孩子很可爱,却是跛子,

---

1 比埃福尔河(Bièvre),是巴黎南边的一条河,早先流入塞纳河,后来改道流入巴黎的下水道。让蒂伊(Gentilly)是巴黎南边的一个小镇。
2 当菲尔栅栏(barrière d'Enfer)是巴黎早先的一个入市税征收处的栅栏门,位于如今的当菲尔 - 罗什鲁广场(Denfert-Rochereau)一带。

他拄着拐杖一瘸一拐地走来走去，赔着笑脸向过往的行人乞讨。我跟这个小小的好人儿早就相熟已久；我每一次走过，他都会不失时机地过来，为我送上小小的赞美，也都会得到我小小的施舍。最初的几次，见到他我真的非常开心，心甘情愿地给他零钱，在相当长的一段时间里，我一直带着同样的开心继续那样做，甚至还常常加上那样的一种开心，要激起并倾听他那一番喋喋不休的小小絮语，觉得它很悦耳，很好听。这一开心渐渐地成了习惯，也不知道怎么地就变成了某种义务，而我也很快就感觉到了其中的尴尬，尤其是因为我不得不听的那一套劈面就来的夸夸其谈的开场白，他常常一开始就管我叫卢梭先生，以显示他对我非常熟悉，但这反倒让我明白，他实际上并不比那些教他如此做的人对我更熟悉。从此，我经过那里时就不像以往那样心甘情愿了，最后，我竟不经意地养成了习惯，每当临近那个隘口时，我常常会故意绕上一个大弯，以求避开那里。

这就是我通过思索所发现的，因为，直到那时为止，所有这一切中还没有任何什么会清清楚楚地出现在我的头脑中。这一观察让我连续不断地回想到众多的其他事，它们全都一致向我肯定，我绝大多数行为的最初真正动机，对我自己来说，其实远没有我长时间里想象的那样清楚。我知道，并且我也感觉到，行善是人心所能品味到的最真切的幸福；但是很长时间以来，我一直都没能品尝到这一幸福，在一种像我的命运一样悲惨的命运中，根本就无法期望人们会带着选择、卓有成效地把哪怕仅只一个真正善良的行为放置之中。那些操纵我命运的人最希望的就是，一切显示给我的都只是虚假骗人的表象，而一种美德的动机也不是什么别的，只是一种故意对我耍的花腔，只为把我引入陷阱，把我捆绑束缚起来。我知道这一点；我知道，从此之后，我力所能及的唯一一种善事，就是克制自己的行为，什么都不做，以免在无缘无故和不知不觉之中做下坏事。

但是，我也有过一些更为幸福的时刻，那时候，我听从我心灵的运动，得以让另一个心灵感到高兴，我应该骄傲地为自己作证，每一次我品尝到这一愉悦，都觉得要比任何其他人发现它更为甜美。这一倾向是那么鲜活，真实，纯洁；在我最私密的内心中，没有任何东西曾与它背道而驰。然而，我常常感觉到，我自己的那些善行，因为随之而来的一连串义务的锁链而有了沉重的负累。于是，愉悦就消失了，早先，我向别人付出的关切让我感到很惬意，很受用，而如今，我在这一持续的同样关切中找到的，只有一种几乎无法忍受的困惑。在我短暂的辉煌期间，很多人过来向我求援，而我也总是力所能及地给予他们帮助，从来没有人遭到我的拒绝。但是，从最初这些随同心灵的吐露而尽情献出的善行中，不断地生出我始料未及的一连串义务，我再也无法摆脱它们的桎梏。我提供的最初帮助，在那些接受者的眼中，只不过是第一批预付，往后还得一笔接一笔地连续缴纳呢；而一旦某个不幸者把所接受的一次善行的锚爪扔到我头上，我也就从此彻底完蛋了，由此，这自觉自愿的第一个善行就成为了一种不确定的权利，此后，他们一有需要，我就得给，即便我无能为力，我也无法摆脱纠缠。正因如此，对我而言，本来很甜美的享受到后来就成了难以负担的制约。

然而，只要我默默生活在暗处，不为公众所知所悉，这些枷锁在我看来也就不算太沉重。但是，一旦我这个人因我写的书而被炫示于众——这无疑是个严重的错误，为此，我吃尽了大大的苦头还远远不够——从此，我自己可就成了一个总接待站，所有那些受苦的人，或者自认为的受苦者，所有那些寻找猎物的冒险家，所有那些假借慷慨信任之名，而实际上是想以这种或那种方式来控制我的人，也就频繁光顾了。正因如此，我得以认识到，人的天性中的所有倾向，行善本身当然也不例外，只要有失慎重地、不加选择地用于或施加于社会，其性质就会改变，而且常常会变得十分有害，而其有害程度，丝毫不下于其当初的有利程度。如此多残酷的经历渐渐改变了我最初的禀性，或者不如说，最终把它们关闭在了其真正的界限内，它们教会了我不要盲目地追随我那爱做好事的倾向，如若它只会有利于助长他人恶习的话。

但我对自己的这些经历毫不后悔，因为它们让我通过反思，对我自己、对我的行为的真实动机有了一种新的认识，其实我对自己所处的千百种境遇往往怀有不切实际的幻想。我发现，要想快快乐乐地做好事，就得自由自在地做，无拘无束地做，而只要让它成为了我必须履行的一个义务，那就会剥夺一次善举的一切甜美。从此，职责的重量就会给我甜美的享受带来一个负担，就如我记得我在《爱弥儿》中说过的那样，倘若我生活在土耳其人中间，听到大街上传来叫喊声，提醒丈夫们切实履行自己身份所规定的义务时,我恐怕会是一个很糟糕的丈夫[1]。

这就在很大程度上改变了我长久以来关于我自身德行的观点;因为当我们听从天性而行善时,我们就在由着天性来引导自己,我们给予了自己行善的乐趣,而这就根本不关德行什么事了。美德就在于,当责任义务对我们提出要求时,我们得去战胜那些天生的倾向,去做责任分内的事,而这正是我做得远不如上流社会人士的地方。我生来敏感善良,动不动就会生出怜悯之心,一切慷慨大方之举都会触动我的心灵,我人道,我仁慈,我乐善好施,出于品味,也出于激情本身;假如我是天底下最有强权的人,那我就会是最好和最温厚的人了,而要熄灭我心中一切复仇的欲火,我只需有能力复仇就行了。即便会违背我自身的利益,我却还能轻而易举地做到维护公正,但若要违背我亲爱者的利益,我可就下不了决心了。一旦我的责任义务与我的心灵发生矛盾,前者就很少能获胜,除非我必须自我克制;于是,在通常情况下我还勉强算得上强者,但要违背我的心愿行事,我却始终做不到。无论是人们求我,还是职责本身要求我,或者,甚至是非如此不可的情境迫使我,只要我的心缄默无语,我的意愿就会聩聋,我也就不会听从。即便我看到了恶在威胁我,

---

[1] 关于"土耳其丈夫"一事,可参见卢梭的《忏悔录》第一部第五章。其中提到:"据说,在穆斯林人那里,黎明时,有人从大街上走过,命令丈夫们对妻子尽应尽的义务。在这种时候,我一定不是个服从命令的土耳其好丈夫。"

我也会让它就那么来临,而不会坐立不安地起来阻止它。有时候,我一开始也努力过,但这一努力很快就让我厌烦和倦怠;我无法再继续下去。任何想象中的事,一想到我不会带着愉快的心情去做,我很快也就真的不会去做了。

不仅如此,还有别的。就以我的渴望为例,只要有某种强制性加到我的渴望上,只要这种强制有些过于激烈,让我非实施它不可,就足以让这一渴望消失,彻底灰飞烟灭,并让它变为厌恶,甚至变成憎恶,也正因如此,当人们迫使我行善做好事时,会让我觉得很别扭,而当人们并不作什么强求时,我反而会做得不亦乐乎。一件毫无动机可言的纯粹善事,当然是一件我很喜爱去完成的作品。但如若它的受益者以此为要挟,强求我继续做下去,否则便要恨我,假如他因我一开始乐于为他行善,就此便立下规矩,让我永远做他的施善人,那么,从此往后,困窘就开始产生,快乐也就烟消云散了。而当我让步屈从时,我所做的便是软弱和羞怯,不再有什么心甘情愿,我不但不会为自己鼓掌,反而还会因为违背了心愿而自我谴责。

我知道,在行善者与受益人之间存在着某种契约,这种契约甚至还是所有契约中最神圣的一种。他们彼此之间构成的,是某种社会关系,它比通常把人与人联系到一起的那种社会关系还要更紧密一些,假如受益者心照不宣地承诺了默默的感谢,而行善者,只要他并不觉得其中有什么不妥,就同样也要承诺,为受益者保留住他刚向对方证明了的同一种善良意愿,而且,只要他力所能及,只要他被人所求,他就得做到有求必应，事事更新。这一切诚然不是什么明文规定，却是刚刚在他们之间建立起的关系的自然结果。谁若是在别人第一次向他提出无偿帮助的请求时就加以拒绝，谁就没有给予那个被拒绝者任何抱怨的权利；但是，在相同情况下，谁若是拒绝给对方他以往曾经给予过的完全同一种恩惠时，他就剥夺了他本来准许对方怀有的一线希望；他就欺骗和蒙蔽了他自己催生出来的一种期待。我总感觉，在这一拒绝中，有着某种我说不清楚的不公正，较之另一种拒绝更难让人接受；但是它不失为一种他心之所愿的独立精神的自然结果，对此，他是无法不作努力抵抗就轻易拒绝的。当我偿还一笔债务时，我是在履行一项义务；当我作出一份馈赠时，我是在给我自己一丝愉悦。然而，以履行义务为乐，那独独是美德的习惯才能催生的快乐；而直接来自于我们天性的快乐是不会上升到那么高境界的。

在经历了众多不幸的遭遇之后，我学会了早早地预见我最初那些行动将会导致的后果，我常常克制住行善的欲望，尽管我有意愿和能力来行善，我害怕一旦我不知不觉地轻率从事，此后便会落入我不得不曲意忍受的羁绊中。我并不是始终如一地感受到了这一害怕，相反，我年轻时还曾一门心思地行善，我甚至还常常体会到，那些受惠于我的人之所以对我表现出情谊，更多的是出于感激之情，而不是出于利害关系。但是，一旦我的种种不幸接踵而来之后，事情就完全变了模样，而且不仅是在这方面，其他方面也一样。从此，我就生活在新的一辈人之中，他们跟以前的一辈人完全不同，我对他人的情感经历了痛苦的改变，而这些改变，我在他人的情感中同样也看到了。在这两代本应截然不同的人里头，我逐渐看到的那些人竟然是同一些人，甚至可以说是彼此逐渐同化在了对方之中[1]。例如夏梅特伯爵[2]就是这样，我原来是很尊重他的，而他也很喜欢我，可是他为了让他的亲戚当上主教，竟然不惜自己去投靠舒瓦瑟尔[3]，去充当他的打手。又如曾受过我恩惠的帕莱神甫[4]，本来是一个好人，是我的朋友，青年时代是一个很诚实的小伙子，可如今在法国，一有了一点名气，就使劲地出卖我。比尼斯神甫[5]也是如此，此人在我任法国驻威尼斯使馆秘书期间，曾当过我的副手，因此，我的所作所为自然赢得了他的爱戴与尊敬，可是后来为了大发横财，一言一行便全不顾良心和真理。穆尔杜本人[6]也由白变了黑。想当初，他们是那么的真诚与坦率，现在却变成了这

---

1 以下一段文字，从"例如夏梅特伯爵就是这样"起，一直到"穆尔杜本人也由白变了黑"，很多版本都没有收入。特此说明。

2 夏梅特伯爵，即《忏悔录》第一部第五章中提到的孔济埃先生（M. de Conzié）。

3 舒瓦瑟尔公爵（Étienne-François de Choiseul，1719—1785），法国政治家，曾任法国国王路易十五的外交大臣和陆军大臣。

4 帕莱神甫（l'abbé Palais），一个音乐爱好者，《忏悔录》第一部第五章中谈到他"弹得一手好羽管键琴"。

5 比尼斯神甫（l'abbé de Binis），卢梭在法国驻威尼斯大使馆供职时的同事，见《忏悔录》第二部第七章。

6 穆尔杜父子都是卢梭的朋友，老穆尔杜（Paul Moultou，1731—1787）本是日内瓦的新教教师，卢梭的至交，卢梭离世前两月曾将《忏悔录》手稿托付给他。卢梭去世后曾替卢梭出版自传作品。

个样子，他们做得跟所有人全都一样；仅仅是因为时代变了，人也跟着时代一起改变了。哎！在那些人身上，我找到的只有跟我当初对他们产生美好感情时完全相反的品质，我又如何保持对他们的原有感情呢！我一点也不恨他们，因为我不懂得什么叫恨；但我无法不蔑视他们，这是他们咎由自取的，我情不自禁对他们流露出这一蔑视。

也许，不知不觉中，我自己的变化也有些过分。处在我这样的境遇中，又有什么本性能抗拒变化的潮流？积二十年的经验，我坚信，大自然赋予我心中的那些天性使然的禀赋，都因了我的命运和操纵我命运的那些人，而变得不仅损己而且损人了，现在，我只能把别人要我做的一件善事看成是他们为我设下的一个圈套，其中必定藏匿了什么祸害。我知道，不管我做的事会产生什么效果，我的一片善心总是不会折价的。是的，即便没有功劳，苦劳还是有的，不过内心的美妙感没有了，而一旦缺了这一激励，我心中也就只剩下麻木冰冷的感觉，我敢确定，我所做的不会是真有好处的事，而只能是白白上当受骗，造成自尊心的愤慨，再加上理智的反对，它只能启迪起我厌恶和抗拒的情绪，而假若顺乎我的本性的话，我本来是会满腔热忱去做的。

有多种多样的逆境，有的能使人的心灵变得高尚坚强，也有的会把人的心灵击垮和扼杀；折磨着我的恰恰是这后一种。我心中只要稍微有一点邪恶的萌芽，逆境就会使它过分膨胀，就会让我发狂；但实际上，它只是让我成了一个一事无成的怂包。以我的状态，我既不能为自己也不能为别人做什么好事,我也就克制自己什么都不做了;这一状态,只因为不由自主,也就是无辜的了,它让我无须内疚地完全听凭天性的驱使,帮我找到了一种温柔的感觉。我无疑走得过远了一点,既然我避开了一切有所作为的机会,甚至当我只看到有善可行之时。但我确信,人们是不会让我看到事物本来面目的,我也就避免了照别人提供的表象来判断事物,而不管别人用什么伎俩来掩盖行为动机,只要落到我的眼前,我就能看出它们都是骗人的。

从我童年时代起,命运仿佛就为我设下了第一个陷阱,以至于我在很长一个时期里是那么容易落入一切其他的陷阱中。我生来就是个极易轻信的人,整整四十年中,从未有人辜负过我的信任。突然,我就被扔入另外一类人与事的环境中,我中了千万个诡计却毫无察觉,二十年的经历才让我勉强看清了自己的命运。一旦确信人们做给我看的装模作样的姿态无非都是谎言和虚假,我马上就转向了另一个极端:因为一旦我们跳出本性,那就如脱缰的野马,不受约束了。从此,我就厌恶众人,在这一点上,我的意愿与他们的意愿倒是一致的,它让我远离他们,比他们的阴谋诡计使我避而远之的还更远一些。

他们徒劳无功了:我的这一嫌恶永远也不会发展成憎恶。他们原本想控制我,结果反倒受了我的控制,一想到这点,我甚至也很可怜他们。如果我有那么一点不幸,那他们自己同样也很不幸,每当我暗中自忖,我总觉得他们值得怜悯。作出如此判断时,也许我的骄傲也起了作用,我自觉比他们高尚了许多，根本就不屑于憎恨他们。他们至多只能激起我的蔑视，但绝到不了仇恨的程度：总之，我对自己实在太爱了，是不会去恨任何人的。恨别人，那就等于在收紧和压缩自己的生存范围，而我却是要把它扩展到整个宇宙的。

我宁愿躲避他们，而不是仇恨他们。一见到他们，我的感官就受刺激，还连同我的心，我满心的印象也因千百道残酷的目光而不堪重负；但引起不适的缘由一旦从眼前消失，我的不适也就紧跟着消失了。人在跟前时，我不得不跟他们虚与委蛇，但人一走，我便懒得再去想他们了。倘若不再看见他们在眼前，他们对于我便似乎根本不存在了。

只是在事关我自己时，我才觉得他们都无足轻重；因为在他们彼此间的关系中，他们依然能让我感兴趣，能让我心情激动，就像我看到的一出戏里的人物在那里表演。若要叫我对正义都漠不关心，除非我的精神生命彻底泯灭。非正义和邪恶的场面依然还会让我怒火中烧，热血沸腾；既无炫耀也无卖弄的美德之举，则总会让我高兴得浑身发颤，柔和的泪滴会不由得夺眶而出。但须得我亲眼目睹之下我才会赞赏；因为，在我自己的事发生之后，除非我丧失了理智，我才会在无论什么问题上都去采纳人们的看法，都去依据他人的信念来相信一件事。

如若我的面貌外形也跟我的品格本性一样，完全不为世人所知晓熟悉，那我就将毫不为难地生活在众人之中；只要我在他们的心目中是个彻底的陌生人，跟他们生活在同一个社会圈子里甚至还会让我开心呢。如若他们根本就不来过问我的事,那我会毫无拘束地沉浸在我的天赋本性中,说不定我还会更爱他们呢。我会对他们持有一种普遍的、毫无自私之心的仁善之爱;但是它绝不会形成任何特殊的眷恋之情,绝不会带来任何义务的羁绊,如此,他们受自身虚荣心的驱使,受种种法规的束缚而煞费苦心干出的所有那些事,我也就会自由地、轻松自如地以其人之道还治其人之身了。

如若我一直就听从天性的驱使,活得自由自在、籍籍无名、与世隔绝,那我就只会做好事了:因为在我的心中,根本就没有任何有害激情的根苗。如若我能像上帝那样既不为凡胎肉眼所见,同时又无所不能,那我就会跟他一样乐善好施、慈悲为怀。造就卓越人士的,是力量与自由。软弱与奴役所造就的,只能是恶人。如若我拥有了吉瑞斯[1]的魔戒,它就能使我免受他人的支配而使他人反受我的支配。在我想入非非的所谓西班牙城堡[2]中,我常常问自己,我会拿这个魔戒来派什么用场,因为正是在幻想中,滥用魔戒的欲望才有可能实现。如若我有满足自身意愿的自主权,能为所欲为,同时又

---

1 吉瑞斯(Gygès),西方古代传说中的一个牧童,后来成为国王。最早对吉瑞斯有记载的是希罗多德的《历史》(关于吕底亚王国的暴君坎道列斯被戴了魔戒的吉瑞斯赶下宝座的故事)。柏拉图的《理想国》第二卷中提到过吉瑞斯,说的是:吉瑞斯找到了一个充满了魔力的金指环,戴上以后就可以隐身。

2 所谓的"西班牙城堡"(chateaux en Espagne)是西方人的一种特殊表达,指的是某种根本不可能存在的东西或不可能实现的事情。类似的汉语成语有"空中楼阁""纸上谈兵""画饼充饥""望梅止渴"等。

不会受任何人欺骗愚弄，那我还会企求另外什么呢？唯独一件事：那就是看到所有人都心满意足。只有众人的至福才能以一种永久的情感，始终不渝地打动我的心，而为此出力的热烈愿望是我最持恒的热情。永远公正而不偏不倚，永远善良而不软弱，我也就能避免对人产生盲目的怀疑和刻骨的仇恨；因为，如若我能看到众人的本来面目，轻易识透他们心底的情感，我就会发现，实在很少有人能好到配得上我全部的爱，也很少有人会坏到配得上我彻底的恨，同时，当我确切知道他们原本想害人到头来却反害了自己时，他们的恶毒甚至还会让我对他们心生怜悯。也许，在某些心情欢畅的时刻，我可能会做出一些奇迹般的幼稚举动；但若是对某些性质严重的事件，我可能也会秉公处理，百般宽容，因为那时候我完全没有任何利己的动机，完全听凭我的天性，把它当作我的行为法则。作为神圣天意的使者，作为上天法令的分配人，我会在我力所能及的范围内，创造出一些比黄金传说[1]和圣美达公墓[2]的奇迹更有智慧、也更有用的奇迹来。

---

1 黄金传说（légende dorée），是意大利热那亚主教、多明我会教士雅各·德·佛拉金（Jacques de Voragine）用拉丁文所著的基督教圣人的传记集。大约在1266—1267年完成。它分章介绍了耶稣、圣母玛利亚、大天使米迦勒等一百多个圣人、殉道者的生平故事。

2 圣美达公墓（tombeau de saint Médard）在巴黎左岸，最早的圣美达教堂与附属的墓地建于公元7世纪或8世纪，至今能看到的遗迹是12世纪的建筑。据说，18世纪狂热的冉森派教徒（Convulsionnaires）一站到圣美达公墓中副祭帕里（François de Pâris）的墓前就会全身抽搐。

唯独只是在一点上，无孔不入并彻底遁身的本领可能会让我寻求一些难以抵抗的诱惑，而一旦走上了此类歧途，我就会被它牵着鼻子走，还有哪里会不去呢？如果我还要自夸，说什么自己根本就不会被这些法术所诱惑，或者说什么理性足以让我在这致命的斜坡上停住脚步，迷途知返，那就是对人性以及对我自己认识得大大不够了。在其他任何问题上，我还是自信满满的，唯独在这一点上我是个彻底的迷茫人。一个能力超群的不凡之人，应能超脱人类的弱点，不然，他这种超群脱俗的非凡力量实际上就将只能用来使他比旁人还不如，甚至还不如不具备超人力量时的那个自己。

思前想后，我想最好还是趁着还没有干出傻事来之前，赶紧把我的魔戒扔掉。如若人们一定要看到我那被彻底歪曲的形象，如若我的形象总会挑起他们不公正的想法，那么，为了不让他们见到我，我就必须远远地避开他们，而不是隐匿在他们中间。其实，应该是他们在我面前隐藏起来，躲着我偷偷行事，逃避开光天化日，像鼹鼠那样钻进地缝里去。至于我，假如他们能够的话，就让他们看到我好了，那样反倒更好，但这对他们根本就是办不到的；他们所看见的我，永远都只不过是他们为自己塑造出的样子，是他们按自己的心愿塑造出来的因而可以让他们恨之入骨的那个让 - 雅克。而我要是为他们对我的看法而烦恼，那我可就大错特错了：对此我不该产生任何真正的兴趣，因为他们如此看到的并不是我本人。

从所有这一切思考中，我可以得出如下的结论：我这人从来就不适合生活在文明社会中,这里到处都是束缚、义务、职责,我桀骜不驯的天性让我始终无法忍受为跟别人一起生活而必须忍受的束缚。只要我能自由行动,我就是好人,行的都是好事;然而一旦我感到受了束缚,无论是必然性加之于我的束缚,还是别人加之于我的束缚,我就变成了不愿服从的反抗者,或者说得更恰当些,我就发犟脾气:这时,我就一无是处。当我为情境所迫,必须做一件违背我自己意志的事情时,我是绝不会做,不管结果会如何;不过,我也不会依照我自己的意志去行事的,因为我太软弱。我克制着,我不作为:因为我的一切软弱都表现在行动方面,我的一切力量都属于消极负面的,而我的一切罪过全都在于疏忽遗漏,却很少是因为作奸犯科。[1] 我从来就不认为,人的自由在于他可以做他想做的事,正相反,人的自由恰恰在于他绝对不做他不想做的事,这正是我始终强调并时常保有的那种自由,正因如此,我在同代人的心目中成了最引起公愤的人了。说白了,他们熙攘往来,忙忙碌碌,野心勃勃,不愿看到别人享有自由,自己也根本不要这一自由,而只要他们偶尔也能为所欲为一下,或者操纵一下别人的所欲所为,那他们就连自己有没有自由也不在乎了,他们恐怕会终其一生来做连自己也颇为反感的事,并且为了能凌驾于他人之上,而不惜去做最为卑鄙的事。如此说来,他们的过错并不在于视我为社

---

[1] 这里有文字游戏,"疏忽遗漏"和"作奸犯科"的原文分别为"ommission"和"commission",只差一个字母。

会中无用的废人，并把我排斥出社会，而在于把我看成害群之马，摈弃于社会之外：因为我做的好事很少，这一点我承认，但是说到作恶，我一生中还从来没有过如此的意愿，而且我深深怀疑这世上还有人作的恶真的会比我还少。

漫步之七

刚刚开始写漫长漫长的遐想的这一合集，我就已觉得它快写到了头。接替它而来的是另一种消遣，它引我入胜，甚至还剥夺了我沉浸于遐想的时间。我带着一种近乎狂热的迷恋投身于这种消遣，每当我念及此情此景，都禁不住要哑然失笑；但我的兴致并未因此而稍有减弱，因为在我的生存境况中，除了在一切事情上都听从我那无拘无束的天性，就再也没有任何其他行动准则了。对自己的命运，我实在是无可奈何，只能顺从我天真无邪的癖好；而别人对我的毁誉，从此一概被我置之脑后。于是，明智的做法便是，在我力所能及的范围内，无论在公开场合还是只身独处时，只做我乐意做的事。我没有了别的法则，只有我心血来潮时的兴致，我也没有了别的限制，只有仅存的一点点微薄之力。我只有草料作为唯一的食粮，只有植物学作为全部的消遣了。已届老年之时，我在瑞士从迪夫尔努瓦大夫[1]那里学到了一点植物学的皮毛，相当幸运的是，在四处飘泊期间，我采集了不少标本，

---

1 迪夫尔努瓦（Jean Antoine d'Ivernois，1703—1765），瑞士医生和记者，卢梭的植物学启蒙老师，见上文注解。

对植物世界积累了还算差强人意的知识。如今我已年过花甲，在巴黎久住不动，要想大规模地采集标本，我的力量开始渐渐不支，而且我正忙于抄写乐谱，这足以让我无需再从事其他工作，当然，采集标本这种消遣也已无必要，早就放弃了；我卖掉了我采集的植物图集，卖掉了我的书，仅仅满足于在巴黎近郊散步时还能时不时地观察种种常见的植物。在此期间，我掌握的那一点点可怜的植物学知识也几乎全都从脑海里消失了，忘得比当初记这些知识时速度可要快得多。

如今我已六十有五，原有的一点点记忆力和走村串乡的气力都已荡然无存，没有了向导，没有了书籍，没有了花园，没有了标本集，而我却一下子又重新生出这种狂热，且比当年最初发作之际还更强烈；如今我很严肃地致力于实施一个睿智的规划，要把穆雷的《植物界》[1]从头到尾整个地背诵下来，要把大地上所有的植物统统认全。我现在已没有条件再去买什么植物学的书，我就决定把别人借我的那些书抄录一番，并决心重新制作一部比第一次还要丰富的标本，而且还要把大海中的和阿尔卑斯山上的所有植物，把东印度西印度所有的树木都采集到，我总是从无需太费力的海绿、香叶芹、琉璃苣、千里光开始；我乖乖地在我的鸟笼之上采集标本，每当我找到一种从没见过的草，我都会心满意足地发出一声

---

[1] 穆雷（Murray，1740—1791），瑞典物理学家、博物学家，林奈著作《自然体系》一书的出版人，并用拉丁文为该书写了以《植物界》（Regnum vegetabile）为题的引言。

赞叹：瞧瞧，又多了一样植物了呢。

我不寻求为我这一随心所欲的决定辩护；我觉得它非常合乎理性，我深信，处于我这样的境遇，投身于让自己感到乐趣的消遣中，实在是一种明智之举，甚至还是一种很高尚的美德：这是一个好办法，能不让任何复仇或憎恨的酵母在我的心中发酵；而要想在我的命运中苦中作乐，找到些许消遣的趣味，就必须有一种天性，心中根本不存丝毫暴戾之气。这也是我报复我的那些迫害者的一种特有办法，我恐怕只有根本不理会他们而自得其乐，才能给他们更严厉的惩罚。

是的，毫无疑问，理性允许我，甚至还要求我遵循我的习性去行事，而一旦我的天性牵引了我，那就没有任何东西能阻止我了；但理性并没有告诉我这一习性为什么会吸引我，也没有告诉我，从这种既无利可图也没有什么进展的无谓的研习中能发现什么诱惑，尤其我如今年事已高，说话已颠三倒四，啰哩啰唆，体也弱力也衰，手脚迟钝，头脑既不灵活，记忆也都退化，却还要来做这等年轻人的操练，小学生的功课。这也真的是一桩咄咄怪事，我实在很想为自己把它解释个明白；我似乎觉得，若是能把这一点搞清楚了，它将会给我带来对自己的一种更新的认识。而我在有生之年所要致力于获得的，也正是这样的一种自知之明。

有时候我也曾思考得相当深入，但很少感到那么做有什么乐趣，相反，我几乎总是迫于无奈，不得已而为之：遐想让我解除疲劳，平添消遣，而思考则让我精疲力竭，黯然神伤；对我来说，思考永远是一桩苦差事，毫无魅力可言。偶尔，我的遐想最终会转为沉思，但更多时候，则是我的沉思最终转为遐想，而在这样的迷乱之际，我的心灵便展开了想象的翅膀，扶摇腾跃，翱翔在宇宙间，心醉神迷，其乐无穷。

每当我专心致志地品尝这一极其纯真的乐趣时，我总觉得其他任何事情全都变得索然无味。但是，一旦我受莫名其妙的冲动所驱使而投身于文学生涯时，我便马上就感到脑力劳作的疲惫，感到一种徒有虚名的烦恼，与此同时，我还感到，我那原本甜蜜的遐想竟也变得日渐枯萎，淡漠乏味了。很快地，我就不得不违心地去关注我自己倒霉的处境，结果呢，那种曾经让我心旷神怡的珍贵境界，就很少能重新找得回来，要知道，在过去的整整五十年时间里，这一境界彻底替代了虚浮的名望与财富，让我只需费一点点时间便能在闲暇中成为世间最幸福的凡夫俗子。

在我的遐想中，我甚至还担心，我那遭到厄运威慑的活跃的想象力最终也会转向这一不幸的方面，还担心那持续萦绕我心的痛苦之情会把我揪得越来越紧，让我最终不堪重负，被彻底压垮。在这一状态中，我的一种本能会促使我躲避任何令人悲伤的念头，逼迫我的想象力停止活动，把我的注意力凝集到身边的事物上，让我第一次认真观察自然景象的细部，而在此前，我往往只是走马观花地浏览过它的整体。

树林、灌木、植被是大地的饰物和衣裳。再也没有比一眼望去只有石砾、淤泥、沙子的光秃秃赤裸裸的乡野更凄凉的景象了。但是，当大地在自然的清风吹拂下显出勃勃生机，在潺潺流水和啾啾鸟鸣中披上了新婚的轻纱，它就通过自然三界[1]的和谐，为人们奉献出一派生机盎然、趣味无穷、魅力无比的景象，这是人类的眼睛百看不厌、人类的心灵百思不烦的唯一景象。

一个沉思者，越是有敏感的心灵，就越会投身于这一和谐在他心头激起的心醉神迷的境界中。一段温柔而又深沉的遐想此时吸引了他的感官，让他甜美地陶醉于这一广袤无垠的美好体系之中，感觉自身已同它融为一体。此时，所有的具体事物他也就视而不见了；他所看到的，所感觉到的，就只有天地一片苍茫，再也没有他物。而要让他对他正欲竭力一眼望穿的天地宇宙，能从某一部分到另一部分作深入细节的观察，那就必须有某种特定的条件来限制他的思维，控制他的想象了。

当我的心因痛苦而揪紧时，它会聚合并集中起它全部的运动在其周围，以保留这一仅存的且随时都会在我日趋严重的沮丧中挥发与熄灭的一点点余热，这正是我的心灵此时此刻的一种自然反应。这时候，我就会漫不经心地游荡在树林中，山岭上，根本不敢动脑子思考，生怕再勾起我的痛苦来。我拒绝把我的想象力运用到痛苦的对象上，便任由我的感官沉浸于对周围那些对象物的轻柔而又甜美的感觉上。我的目光不断地流连忘返，左顾右盼，周围的事物是如此繁复多样，千变万化，根本不可能有什么特别的东西会让目光更多地凝定，更长久地停留在它上面。

1　自然三界（trois règnes），指动物界、植物界、矿物界。

我对眼睛的这一消遣产生了兴趣，它让人的精神在不幸的厄运中得到歇息、娱乐、放松，并让人暂时忘却痛苦的情感。物体对象的自然本性极大地有助于这种散心，并使它变得更为迷人。沁香的气味，绚丽的色彩，种种最优雅美艳的形态，仿佛各不相让地邀宠，争先恐后地吸引我的注意。你只要喜欢享受这份乐趣，就能沉浸在如此甜蜜的感觉中，而假如说，并非所有身临其境的人身上都能产生那样的效果，那是因为，有那么一些人天生就缺少敏感之心，而另外多数人则是因为脑子里装满了其他想法，对作用于他们感官的那些对象物只是匆匆一瞥了之，只有蜻蜓点水浮光掠影式的浅薄印象。

另外还有一个原因，促使一些具有高雅趣味的人的注意力远离植物界，那就是，有的人习惯于在植物中仅仅寻找毒药和药物。提奥夫拉斯特[1]对此倒是持有不同的看法，我们可以把这位哲学家看成古希腊时代唯一的一位植物学家；正因为如此，他几乎不为今天的人所知道；但是，多亏了一位名叫狄奥斯克里德的伟大的药典编纂辑录家[2]，也多亏了他的著作的阐释者们，医学大大地掌控了整个植物领域，植物也就

---

1 提奥夫拉斯特（Théophraste，约公元前371—前288年），公元前三世纪古希腊哲学家、植物学家、博物学家，是柏拉图和亚里士多德的学生，著有《植物研究》等书。

2 狄奥斯克里德（Dioscoride，约公元40—90年），罗马帝国时期的希腊医生、药理学家，曾被罗马军队聘为军医。著有希腊文的《论药物》，此书为后世的希腊人、罗马人和阿拉伯人广泛引用，一直是西方药理学的主要教材，并成为现代植物术语的重要来源。

都成了简单的药草，最终使得人们在植物身上所见的都是从它们的身上原本见不到的东西，就是说，人们所见的只是东一个人西一个人得意扬扬地赋予它们的所谓美好的药性。人们无法构想，植物的构造本身竟然还值得我们去注意；那些一辈子都在忙忙碌碌地摆弄研钵药罐的人会嘲笑植物学，按照他们的说法，研究植物而不同时研究植物的实用功能就将一无用处，也就是说，他们认为，只要人们不放弃对大自然的观察，只要人们没有一味排外地只听从人类的权威，那他们的研究就是无用的。而实际上，大自然根本不会撒谎，也没有对我们说过任何关于这一切的话，而权威之人却是一些撒谎者，他们让我们去相信他们的话，去依据他们的话来认定很多东西，但他们的这些话本身却常常建立在其他人之权威的基础上。你不是在鲜花盛开的草地上停了下来吗，你不是把五彩缤纷的各种花草都细细观察了一番吗，那些看到你如此做的人，就会把你当成一个江湖郎中，会问你讨要种种药草，好去治疗孩子们的疥癣、成人的疥疮、骡马的鼻疽。

这种令人生厌的偏见在其他国家，尤其是在英国，已经部分消除了，这一点应该归功于林奈，是他或多或少地把植物学从各个派别的药物学中拯救了出来，让它重新回到自然史之中，回到经济效用之中；但是在法国，植物学研究在上流社会中还不那么深入，人们对此依然还是那么不开化，以至于有一位巴黎才子，在伦敦的一个珍奇花园中看到那么多奇草异木时，居然这样大声叫嚷，以示赞美："多美的一座药草园啊！"按照这一说法，人类最早的草药师该是亚当了。

因为,我们很难想象,还有哪个园子会比伊甸园[1]有更齐全的各类植物了。

这类要把任何植物都看成草药的医药学想法,肯定无益于让植物学研究变得趣味盎然,它们只会让绿油油的牧场丧失明亮的光泽,让艳丽的鲜花褪尽色彩,让小树林的清新变得枯萎,让葱茏的田野和浓密的树荫变得毫无趣味,惹人生厌;所有这些优雅迷人的结构,当然是不会让那些只想着把一切放入一个石钵中研捣的人感兴趣的,而人们,也就不会到能熬制灌肠剂的药草中去找寻为牧羊女编织花环的花卉了。

这一整套药物学丝毫不能玷污我心中的一片田野风景;再也没有什么比那些汤剂,还有那些膏药,跟我的田野风景相距更远的形象了。当我密切地观察农田、果园、树林,还有它们众多的居住者时,我会常常想到,植物界就是大自然赐予人类和动物的一片食品铺。但是,我的脑子里却从来没有想过要在这里寻找什么毒药和药物。在大自然那些多种多样的产品中,我根本就看不出有什么能给我指明一种类似的用途,而假如大自然为我们规定了那些用途,那么它就会为我们显示对可供药用的植物的这一选择,就像它告诉我们如何去选择可食用的植物那样。我甚至还感到,我在树林中漫步时本来该产生的乐趣,会因脑子里不得不去想什么高烧,什么结石,什么痛风,什么癫痫,而遭到这些病痛想法的败坏。

---

1 伊甸园是圣经《旧约》中上帝安排给人类始祖亚当和夏娃居住的园子。园内果木繁茂,植物众多,景色美丽。

此外，我倒是一点儿也不否认人们赋予植物的那些奇异效果；我只不过要说，假设这些奇异效果当真如此，却还要让病人继续久病不愈，那简直就是一种大大的恶作剧了；因为，照他们的说法，人们所患的那么多种疾病中，没有哪一种不是用二十来种药草就可以彻底根治的。

我从来就没有过那样的思想倾向，要把所有一切始终都跟我们的物质利益挂上钩，到处去寻找好处，到处去觅求救药，而在身体健康的时候却对大自然无动于衷。我觉得我在这一点上与别人恰恰相反：凡跟我的需要相关的情感都会平添我的忧伤，弄糟我的思绪，从来，我都只是在把我自己肉体的利益彻底抛到脑后时，才能在思维的乐趣中找到真正的魅力。因此，即便我相信医学，即便它的药物真的有所效用，如若我要去搞的话，我也绝不会得到由一种纯粹的、毫无功利之念的沉思所能给予的那些乐趣，而我的心灵，只要我感觉它受到了肉体的束缚，它就不会激昂于万物之上，翱翔于天地之间。此外，我对医学虽从未有过多大的信任，却对我所尊重、我所爱戴的一些医生有着相当的信任，我把我的躯壳交予他们来全权支配。十五年的经验让我吃一堑长一智；我现在听从的只是大自然的法则，结果却通过大自然而恢复了我最初的健康。就算医生们对我没有什么别的抱怨，仅仅只凭这一点，谁又会对他们对我的仇恨感到奇怪呢？因为我就是一个活生生的明证，足以证明他们技艺的虚浮，还有他们医疗的无效。

不，任何与私人相关的事，任何与我肉体的利益相关的事，都不能真正占据我的心灵。只有当我处在彻底忘我之境时，我的沉思、我的遐想才是最为甜美的。只有在那时候，我才感到心醉神迷，感到无以名状的欣喜若狂，我简直就与天地间的万物众生融为一体，与整个的大自然浑然合一。当初，世上的人都还是我的兄弟时，我心中也曾有过关于人间极乐至福的种种规划；由于这些规划总是涉及人类整体的各种因素，我便只能在众人都获得的极乐至福之中感到幸福。我从来就没有想过要去追求一种个人的幸福，直到有一天，我看到我的兄弟们只在我的悲痛中寻找他们自己的幸福。为了不去恨他们，我就只好远远地躲避他们；于是，我就逃亡到了所有人的共同母亲的怀抱，我在她的怀抱中寻求摆脱她的孩子们的袭击；我变成了孤独者，或者如同他们所说的，变成了不合群者，愤世嫉俗者，因为在我看来，即便是最孤独荒僻的离群索居，也要比跟那些心地邪恶的人打交道更强些，因为后者只是靠着背叛与仇恨骗饭混日子的。

  我被迫克制着自己不去思考，生怕会情不自禁地想到我的不幸；我被迫抑制住我那一种乐观的然却已经萎靡不振的想象力的残余部分，那么多的忧虑兴许最终会吓得它怯步而退；我被迫去竭力忘却那些对我备加欺凌侮辱之人，生怕心中会生出喷向他们的愤怒之火，然而即便如此，我也不能一门心思地把全部精力都放在我自己身上，因为我外向的心灵总在寻求把它的情感以及它的生存推广到其他生命体上去，而我也不能再像过去那样低着脑袋，冒冒失失地冲进这一片大自然的广阔海洋之中,因为我的各种机能已经衰退弱化了，再也找不到相当明确、相当固定、相当可及的对象，来充分发挥其作用，同时，我也感到自己已没有足够的精力，能在我以往为之心醉神迷的混沌世界中纵横驰骋了。我已经差不多没有思想，只剩下一点点感觉，而我智力活动的范围也已超不出我身边的一点点事物了。

我逃避世人，寻求孤独，我不再尽情地耽于想象，思索得也就更少，然而我天生就具有一种活跃的脾性，它使我远离那种沮丧而又麻木的冷漠态度，我开始密切关注身边的所有一切，而出于一种十分自然的本能，我尤为偏爱那些最能让人赏心悦目的东西。矿物界本身并没有任何可爱而诱人的东西；它那深深掩藏在大地怀抱中的宝藏，似乎是要远离人类的视线，以免刺激他们的贪婪之心。它们埋藏在大地中，本来是一种自然储备，有朝一日，随着人心腐败堕落，对比较容易得手的真正财富失去兴趣时，它们就将用来作为对财富的补充。到那时，他们就得求助于技艺、辛劳和工作，来拯救他们脱出贫困状态；他们会挖掘大地的脏腑，他们将冒着生命危险，以牺牲健康为代价，到地心中去寻觅种种虚幻的财富，同时却把真正的财富撇在一边，而实际上，只要他们懂得珍惜，大地本身为他们提供的财富也就完全足够了。他们躲避开他们已不够资格直视的天光和白日；他们活生生地隐入地下，并辛勤劳作，因为他们再也不配在明媚的阳光下生活。在那地下，采石场、竖井洞、熔炉、锻炉、铁砧、铁锤、烟雾及火焰，纷纷替代了田间劳作的甜美形象。那些在矿井的恶臭气体中受尽煎熬的可怜人，那些浑身上下黑乎乎的铁匠，那些面目丑陋的苦力巨人，他们那苍白憔悴的脸，就是采矿设备在大地的脏腑中造成的景象，它彻底替代了大地表面之上的那另一派景象：翠绿的田野，明艳的鲜花，蔚蓝的天空，相亲相恋中的牧羊人，强壮有力的农夫。

我承认，要出去捡取一些沙子和石头，用来装满自己的衣兜和书房，以此摆出一副博物学家的派头，这是很容易做到的；但是，那些仅仅热衷于这一类收藏的人，充其量也只是一些无知的有钱人，以此来追求一点点装点门面的乐趣而已。要想从矿物的研究中获益，就必须当一个化学家和物理学家；就必须从事一些费力而又费钱的实验，在实验室里，在煤炭、坩埚、炉灶、蒸馏瓶之间，在令人窒息的烟雾和蒸汽之中辛勤工作，始终要冒着生命危险，而且经常是在有损健康的条件下，不仅花费很多钱财，还要搭上很多时间。从这样一种凄惨而累人的工作中，到头来所得的结果通常是一些空骄傲，却并没有多少真学问，又有哪一个最平庸的化学家，不是凭着偶尔发现的自身专业中微不足道的小小门道，就以为已经钻透了大自然的全部巨大奥秘呢？

动物界的奥秘比较容易被我们掌握，显然也更值得我们去好好研究一番。但是，这一研究同时也有着它的困难，它的麻烦，它的嫌恶，它的艰辛。尤其是对一个孤独者来说，无论是在消遣的嬉戏中，还是专心致志的工作中，他都不可能指望得到任何人的协助，如何又能观察、解剖、研究、了解天上飞的鸟儿，水中游的鱼儿，比风儿更轻快的、比人类更强壮的走兽？它们实在不愿意乖乖地送上门来让我研究，而我也不能够近距离地跟在它们后头，强迫它们就范。于是，我也就只能捉一些小小的蜗牛、蛆虫、苍蝇来作为观察对象，只能一辈子气喘吁吁地跟在蝴蝶后面追，把那些可怜的昆虫捕住捉来，钉成标本，把碰巧逮住的老鼠，或是偶尔捡到的死动物拿来解剖一下了。如若没有了解剖学，对动物的研究也就是一句空话；正是通过这一解剖学，人们学会了对动物加以分类，区分清它们的类别，什么属，什么科，什么目，什么纲。而要通过观察动物的习惯与特性，来从事科学的研究，就必须拥有很大的鸟棚、鱼池、饲养场；就必须想方设法地迫使它们集中地留在我们身边。我却既没有兴趣，也没有办法把它们囚禁起来，而当它们自由自在地奔跑驰骋时，我更不具有必要的灵活性，根本无法跟上它们敏捷的步伐。如此一来，我就只好等它们刚一死去便马上着手研究尸体，把它们撕裂，把它们肢解，无拘无束地在依然还在动弹的内脏中挖掘探索！一间阶梯解剖室，那是多么可怕的场所啊：一具具气味浓烈的尸体，一块块血色模糊的死肉，一摊摊腥臭污秽的血水，一堆堆令人作呕的内脏，一副副恐怖吓人的骨骼，一团团臭味扑鼻的水汽！说实话，让-雅克可是绝不会上那儿去寻找什么消遣的。

明媚的鲜花，缤纷的牧场，清爽的树荫，潺潺的溪流，幽静的树丛，翠绿的草木，请你们都来吧，净化一下我被所有那些丑陋物体污脏了的想象力！我的心灵对所有那些重大运动而言已经死去，如今也只能被一些敏感的对象所触动；我现在只剩下一些感觉了，只有通过这些感觉，痛苦和乐趣才能在这尘世间触及我。我被身边种种迷人的东西所吸引，我观察它们，我思考它们，我比较它们，我最终学会了如何将它们分类，就这样，突然之间我也成为了一个植物学家，一个只为不断取得热爱自然的新理由而研究大自然的人所需要成为的那种植物学家。

我根本就不想再去学些什么：为时已经太晚了。再说，我也从来没有见过那么多的学问会给人生幸福带来好处的。但是，我还是寻求要给自己带来简单而又甜美的消遣，可以毫不费力地品味它，以此来排遣我心中的悲苦。我既没有什么花销要开支，也无需耗费什么气力，便可优哉游哉地从一根草漫步到另一根草，从一株植物游荡到另一株植物，来一一考察它们，来比较它们彼此各异的特性，来揭示它们之间的关系以及它们的差异。总之，来好好观察植物的结构，以便跟踪这些活生生的机械的行进与游戏，并成功地探寻出它们的普遍规律，以及它们复杂多样的结构的机理与目的，另外，也便于我满怀着感激之情，陶醉于使我尽情享受这一切的那只巨掌的无穷魅力。

植物仿佛是被广泛地播种在土地上，恰如星星散布在天空中那样，以便于通过乐趣和好奇的吸引，邀请人们来研究自然；但是，星辰离我们太远，我们必须拥有一定的知识基础，拥有种种工具、种种仪器、种种机械、足够长的梯子，方能够够得到它们，方能使它们进入我们的掌握范围内。而植物却十分自然地处在我们伸手可及之处。它们就诞生在我们的脚边，也可以说在我们触手可及的地方，而如若说，有时候，它们的基本部分过于微小，根本就不为我们的肉眼所看得到，那么，细微观察所需的仪器在使用时却比天文仪器要简单得多。植物学很适合一个悠闲懒散的孤独者来研究：要观察植物，一枚尖针和一个放大镜便是他所需的全部工具。他自由自在地游荡，他来回漫步于一个观察对象与另一个观察对象之间，他饶有兴趣，颇为好奇地对一朵花看了又看，而一旦开始掌握了它们结构的规律，他在观察时就能毫不费劲地品味到一种乐趣，而这种乐趣，跟他费尽了九牛二虎之力才尝到的乐趣同样强烈。这种悠闲的工作有着一种魅力，人们只有在种种激情彻底平息下来，内心达到彻底宁静时，才能感受到它，然而，只要有了这种魅力，就能让我们的生活变得幸福和甜蜜；但是，一旦我们在其中掺杂了一种利害关系或虚荣的动机，无论是为了谋得某些地位，还是为了写成什么书，一旦我们只是为了教别人而去学，只是为了成为作者或教师才去采集标本，那种甜美的魅力就会顷刻丧失殆尽，我们在植物中看到的，就只会是我们激情本身的工具，我们在研究中就会找不到任何真正的乐趣，我们就不再想着怎么去求得知识，而只是卖弄自己的知识。于是，即便身在树林中，我们也会认为是在上流社会的舞台上，一心所想的只为博得人们的青睐；要不然，我们就会局限于一种书房中的或至多只是小花园中的植物学，不是去大自然中观察植物，而只是关注某些体系和方法，而这些对象，永远都是争论不出结果来的问题，既不会让我们多认识一种新植物，也不会让我们对自然史和植物界增添任何真正的新知识。追逐名利的欲望，同样也在植物学家作者们的心中激起了种种仇恨与嫉妒，在这一方面，他们跟其他各学科的学者一样，甚至还有过之而无不及。他们让这一可爱的研究完全变了味，把它搬到了城市中，学院中，这就如同把种种的异国植物移栽到了珍奇花木观赏园中，到头来只会引起蜕化。

某些完全不同的心境使得我把这一研究变成了一种癖好，填补了我所有那些不再保持的嗜好所留下的空白。我翻山越岭，深入峡谷幽径，走入密林深处，尽可能地避开众人对我的回忆，避开恶人对我的伤害。我似乎觉得，一旦置身于一片密林的浓荫底下，我就被人彻底忘却了，我就自由了，太平了，就仿佛再也没有了敌人，或者，树木的浓荫密叶应该会保护我不受他们的攻击，恰如它们会让他们远离对我的回忆，我甚至还傻乎乎地想象，只要我脑子里根本不去想他们，他们也就不会想起我了。在这一幻觉中，我品尝到了一种如此甜美的味道，如若我的处境、我的偏爱，还有我的需要允许的话，我是会一股脑儿地全身心沉溺于其中的。我的生活状态越是孤独，就越是需要有某种东西来填补空无，而遭到我想象力的拒绝，或者我记忆力的排斥的那些东西，就会被不受人力强制的大地所提供的且到处都能被我看到的那些自发产物所替代。来到一个荒芜之地寻找种种新植物的乐趣，在某种程度上也与摆脱迫害者的那种乐趣互相交织；而来到一个人迹罕见的地方，我便能更自由自在地呼吸，就仿佛进入到了他人的仇恨鞭长莫及的一个庇护所。

有一天的标本采集令我终生难忘，那是在法官克莱克的产业罗贝拉[1]田庄附近的山上。当时我孤独一人,深深地进入了僻静的山坳中,穿过一座又一座树林,跨过一块又一块岩石,最终来到了一个十分幽闭的地方,它是那么的隐蔽,我觉得一生中从来都没见过比这更荒凉的景色了。一片黑乎乎的松树林,跟异常高大的山毛榉林混杂在一起,其中不少树木因老死而倒伏,纵横交错地堆在地面上,构成一道道无法逾越的屏障,把这片僻静之地死死地封闭起来;从这片昏暗的壁垒留下的几丝空隙望过去,只能看见一些刀劈斧削一般的悬崖峭壁,我只有趴下身子,肚子贴地,才敢往那边瞧上一眼。猫头鹰、鸮、白尾海雕从高山的洞缝里发出几声尖叫,幸好,有那么几只虽然很罕见却又很亲切的小鸟,使这孤寂的恐怖气氛得以大大缓和。在那里,我发现了带锯齿型叶片的七叶石芥花,还有仙客来、鸟巢兰、大脂胶芹[2],以及另一些植物,令我如痴如醉,久久地为之欣喜若狂。但是,周围景物在我心中产生了那么强烈的印象,让我不知不觉地忘掉了种种植物以及植物学本身,我便在如枕头靠垫一般的石松与苔藓上坐了下来,开始自由地遐想联翩,想到我就在宇宙天地间一个无人知晓的隐遁地,那些迫害者是不会发现我的。一种孤傲的情感很快就渗进了我的遐想。我把自己比成是那些发现

---

[1] 罗贝拉(la Robaila),在瑞士的讷夏泰勒邦,夏斯隆山的山脚下,离莫蒂埃村也不远。

[2] 大脂胶芹(le grand lacerpitium),伞形科芹亚科植物的一个族,在瑞士常见,俗名"拉泽花"。

了一个荒岛的伟大旅行家，得意扬扬地对自己说：无疑，我是天底下第一个钻入这个仙境的凡人；我几乎把自己看作了另一个哥伦布。正当我如此趾高气扬地想入非非时，我忽然听见离我不远处有某种似曾相识的嘎哒嘎哒的声响；我侧耳仔细倾听：同样的声音反复不止，并逐渐增强。我惊讶而又好奇地站起来，透过一片荆棘茂密的灌木丛，向传来声音的方向望去，我发现，就在离刚才我还自以为是旷古以来第一个人间来客的地方约二十步远的一个背斜谷中，有一家织袜工场。

一个如此的发现在我心中激起的复杂而又矛盾的激动心情，实在很难用言语表达清楚。我的第一个反应自然是高兴，为能在本以为孤寂一人的地方重见人迹而高兴。但是这一反应消失得比闪电还更迅疾，马上就让位于一种更为持久的痛苦感，原来，即使是在阿尔卑斯山脉的洞穴里，我也根本无法逃脱那些执意要折磨我的人的毒手。因为我深信，在这家小小的工场中，没有卷入到以蒙莫朗牧师为首的阴谋集团[1]的人，恐怕连两个都不到，它甚至还从别的地方招来了最初的流动人口。我赶紧驱赶走这一忧伤的想法，最终暗自微笑起来，为我幼稚的虚荣心，为我遭到惩罚的那种喜剧方式而感到好笑。

---

[1] 1762年7月，卢梭逃亡至讷夏泰勒的莫蒂埃村。1765年9月，他的住宅遭人用石块砸击，卢梭再度出走。卢梭怀疑是当地牧师蒙莫朗（Montmollin）在幕后煽动的。见本书第77页注2。

然而，说实在的，谁又能料到，在一个悬崖峭壁上会发现什么手工工场！在这世界上，恐怕也只有瑞士这个地方，才能见识到粗犷野蛮的大自然和细腻精致的人类技艺这两方面的混杂并存。整个瑞士可以说就是一座大城市，其街道又宽又长，甚至比圣安托万街[1]还宽还长，两旁森林密布，山岭耸立，房屋零星分散，相互之间只是靠了英国式的园林才得以联通。话说到此，我又想起来前些日子里的一次标本采集，那是杜·佩鲁、德斯谢尼、普里上校、克莱克法官[2]还有我，我们一起在夏斯隆山上做的，爬上那个山顶后，可以看到七个湖。[3]有人对我们说，这山上只有唯一的一栋房子，而我们肯定猜不出住在这栋房子里的人从事的是什么职业，要不是有人又补充了一句，说那是一个书商[4]，而且他在当地的买卖十分兴隆。我觉得，此类的事，仅只一件，就足以比旅行家们的所有描绘让人更好地了解瑞士。

---

1 圣安托万街（rue Saint-Antoine）在巴黎第四区，是巴黎东西向的主要街道之一，东起巴士底广场，西到圣保罗教堂。此街得名于圣安托万修道院（1790年改为医院）。

2 杜·佩鲁（Du Peyrou）、德斯谢尼（d'Escherny）、普里上校（le colonel Pury）、克莱克法官（le justicier Clerc），都是卢梭在讷夏泰勒邦居住时的朋友。其中，弗朗索瓦-路易·德斯谢尼伯爵（1733—1815）是瑞士作家。

3 这里，卢梭的记忆应该有误。能看到七个湖的山不是夏斯隆山（le Chasseron），而是夏斯拉尔山（le Chasseral）。两山都在讷夏泰勒邦。关于此行，作家德斯谢尼在他的《文史哲杂记》(1811)中有所记载。

4 卢梭在这里所说依然有误，那个书商并不住在夏斯隆山，而是在夏斯拉尔山。

这里再讲一个同样性质或几乎同样性质的例子，它同样有助于人们很好地认识一个跟我们很不一样的民族的人。那个时候，我住在格勒诺布尔[1]，我经常跟当地的一位律师波维埃先生一起去城外采集植物标本；倒不是因为他喜欢植物学，更不是因为他是个内行，只是因为他一路上担当起了我的守卫者，他尽可能地跟在我身边，几乎寸步不离。有一天，我们沿着伊泽尔河畔漫步，走到一块长满了刺柳的地方。我看到在几棵小树上有一些果子已经成熟，便十分好奇地摘了几个放到嘴里尝，结果发现味道很好，微微有些酸，我便开始大口吃起来，权当为了止渴解暑；波维埃先生就站在我身旁，既不学我的样吃果子，也不开口说一句话。他的一个朋友突然出现在我们面前，见我正大口嚼着这些果子，就对我说："哎！先生，您这是在做什么呢？您难道不知道这果子有毒吗？""这果子有毒吗？"我惊讶地高叫起来。"当然啦，"他接着说，"这里的人都清清楚楚地知道它有毒，谁都不会想到去尝它的。"这时候，我瞧了波维埃先生一眼，对他说："那您为什么不早提醒我呢？""啊，先生，"他以一种毕恭毕敬的口吻回答道，"我可不敢如此冒昧行事。"对多菲内地方[2]的人的这种谦卑，我不禁报以微笑，然而，我毕竟还是停

---

[1]　这段时间应是 1768 年的 7 月中旬至 8 月中旬。格勒诺布尔是法国东南部城市，在阿尔卑斯山区，罗讷河支流伊泽尔河的河畔。

[2]　多菲内（Dauphine），是法国东南部一个历史行政地区，位于如今的伊泽尔省、上阿尔卑斯省和德龙省交界处。当时的首府是格勒诺布尔市。

住了嘴，不再吃我的那份小吃。我向来总是坚信，现在依然坚信，任何味道可口的自然产物都不会有损于身体，至少别吃得过量，就不会有什么问题。不过，我还是得承认，那天接下来的时间里，我的心里一直就有些犯嘀咕；但是除了有那么一点点焦虑之外，一切都还算平安无事；我晚餐吃得很香，觉也睡得比平常更香，第二天早上起来时神清气爽，精神抖擞，尽管头一天吞食了十七八枚所谓可怕的食马果沙棘，而过了一天后，在格勒诺布尔城里，所有人见到我全都对我说，这果子有毒，稍微吃一点就会要了人的命。我觉得这段经历是如此好笑，每每回想起来，总会对波维埃律师先生那种几近怪诞的谨慎忍俊不禁。

我所有的那些植物学标本采集之行，都在我的脑际打下了深深烙印。而每当我看到从各地采集来的标本，那些标本来源地的各种不同景象，还有它们所催生出的我的种种想法，以及混杂于其中的种种逸闻趣事，所有这一切给我留下的印象，都会重新浮现在我的脑海中。我再也看不到这些美丽的景色了，这些森林，这些湖泊，这些树丛，这些岩石，这些山岭，它们的景象始终都在触动我的心：现在，虽说我再也不能返回这些可爱的地方，但只要把我的标本册打开，它就会把我带回到那里。我在那里采撷的植物片段，足以使我回顾整个一派美妙的景象。植物标本册对于我就是一部采集日记，它每每使我能以一种新的喜悦来重温往日的一切，并产生出光学仪器一样的显像效果，把当年的景象再现在我的眼前。

正是这一长列的附带想法之链，让我深深地迷恋上了植物学。它为我的想象力聚集并唤醒了所有那些给予植物学以更多愉快感觉的想法。牧场、水流、树林、孤独，尤其还有在这一切之中的平和与安息，全都通过这一链条不断地镌刻在我的记忆中。它使我忘却了人们对我的迫害，忘却了他们的仇恨、他们的蔑视、他们的污辱，还有他们用来报复我对他们温柔而又真诚情感的种种恶行。它把我转移到安逸宁静的住处，就在那些跟早先与我生活在一起的人们同样淳朴、同样善良的人们中间。它让我回想起我的童年岁月，我那些天真无邪的乐趣，它让我回味这一切，而它时常也让我在一个凡夫俗子所能遭遇的最悲伤的命运中，品尝到一种幸福的滋味。

漫步之八

仔细考量过我一生经历的各种境遇里的心灵状态，我尤为惊异地发现，在我繁复多变的命运与它带给我的欢乐或痛苦的习惯性感觉之间，竟然很少有相一致的协调关系。这一点给我留下的印象实在太深了。我有过各种各样短暂的幸运时刻，但它们几乎并没有以亲密而又持恒的方式给我留下任何舒心的回忆，正相反，在我一生的所有悲苦日子里，我觉得自己始终满怀着温柔、感人、甘美的情感，它们为我悲痛心灵的伤口抹上香膏，仿佛把痛苦化为了快感，如今，只有对此的美好回忆还在回到我心中，而当时体验过的种种苦楚早已被忘得干干净净了。我似乎觉得，当我的种种情感因我那悲惨的命运所迫而紧紧收敛在自己的心口，而不是散发到外面，到那些根本不值得人们去珍惜的种种对象上，到那些被人们以为是所谓幸福者的唯一关注上，大概正因为如此，我实际上更多地品尝到了生存的甜美，真真切切更多地活了一回。

当我周围的一切皆井井有条时，当我对围绕我身边的一切，对我生活其中的圈子感到满意时，我便把我爱的情感倾注在这一范围中。我那感情外露的心灵会延伸到其他事物中去，被成百上千的趣味，被不断占据着我心的种种娇媚可爱的眷恋吸引到身外，从某种方式上说，我甚至都忘记了我自己，我全身心地属于身外陌异之物，我在我心灵持续不断的激动中，品尝了人世间的沧桑变迁。这一暴风雨般的动荡生活既不能使我的内心获得平静，也无法使我的躯壳得到歇息。表面上来看，我很幸福，但我却没有一种感情能经得起反复思考的考验，能使我从中真正自得其乐。无论是对别人，还是对我自己，我从来都没有感到过完全满意。尘世的喧嚣让我头昏脑涨，孤身独处又让我苦恼厌烦，我需要不断地变换环境，然而，无论在哪里，我都觉得很不自在。不过，我却到处受到欢迎，受到青睐，受到很好的接待，到处得到抚慰。我没有一个敌人，没有一个心狠手辣的对手，没有一个野心勃勃的嫉妒者。由于人们只想着为我效劳，给我恩惠，我便也时常以替许多人效劳、给许多人恩惠为乐趣，我既无财产，又无职位，既无靠山的庇护，又无出类拔萃的且众所周知的才干，却安然享受着与这一切紧密相连的种种好处，因此我觉得，处于任何地位中的任何人的命运全都比不上我。那时，我究竟还缺少点什么，还不感到自己是个幸福的人？我不知道，但是我知道，那时候我并不幸福。

而今天，我究竟还缺少点什么，才算是尘世间最不幸的一个人呢？什么都不缺了，人们早就煞费苦心地把一切都给我准备好了，然而没有用。如此说来，眼下我的处境虽然悲惨，我却不愿跟他们中最幸福的那一个换一种活法，换一番命运，我宁可依旧在重重的困境之中苦守，保持我的本色，也不愿像他们中的任何一个那样青云直上，飞黄腾达。如今我落到孤身一人的地步，确实，只靠着自身的养分来哺养自己，但是，好在我自身的养分是不会枯竭的，我能够自给自足，尽管我可以说只是在反复咀嚼着虚无之物，尽管我的想象力在日渐枯竭，我的思想火花也已熄灭，不再能为我的心提供什么食粮。我的心灵已被我的种种器官所遮蔽，所堵塞，日趋衰竭，在那些沉重的巨大肌体之下，再无足够的活力能像以往那样冲破衰老的躯壳了。

困厄的逆境迫使我们做的，恰恰是这样的一种反躬自省，兴许正是这一点，使得绝大多数人觉得逆境变得最难熬。对于我，我只有一些错误应该引咎自责，我由此谴责导致自己犯错的软弱性格，同时我也得以自慰，因为，我心中从来就没有生过预谋行恶的念头。

然而，无论什么人，除非是傻瓜，在审视我处境的那一刻，谁又会无视他们为我设置的处境的凶险可怖，谁又会不因此而伤心欲绝呢？而我，却远非如此，我虽是所有人里头心灵最敏感的人，却坦然若无地正眼审视它，丝毫不为之激动；我既不苦苦地自我挣扎，也不付出什么努力，而是几乎无动于衷地看待我自己处在那样一种状态中，而若是换了别人，恐怕没有一个会无所畏惧地忍受得了它的。

那么我又是怎样做到这一点的呢？因为，想当初，当我对自己早就落入圈套而竟然始终全无察觉的那个阴谋开始有所怀疑时，我是远远没有这一种平静的心境的。这一新发现让我震撼不已。无耻下流的行径与背信弃义的叛卖出乎我的意料，令我措手不及。又有哪一个正直的心灵能预料到如此的苦难？恐怕唯独罪有应得的人方能有所预见。我落入他们为我设下的一个个陷阱中，愤慨、狂怒、谵妄攫住了我，我找不到北斗星，迷失了航向，我晕头晕脑，在被人死死地摁入的可怕的黑暗中，我再也见不到能为我引路的微光，也找不到任何支撑与倚靠，得以稍稍站稳脚跟，来抵御紧紧拽着我不松手的那一种绝望。

在这样可怕的处境中，如何能活得幸福而又平静呢？然而我现在的处境依然跟那时候一般无二，甚至比以往任何时候还更深地陷于困苦，我却从中找到了宁静与平和，我活得幸福而又平静，对我那些迫害者无休止地加之于他们自己的惊人却又无谓的苦恼，我付之一笑，仅此而已，而我自己则依然留在安详平和的生活中，一心关注那些花朵，那些花蕊，那些稚童般的玩意，而对那些人，我则连想都不去想一下。

这一转变是怎样产生的呢？当然是在不知不觉中毫无困难地产生的。最初的那份惊讶实在吓人。我觉得自己是值得受人爱戴与看重的，相信自己是配得上受人崇敬仰慕的，却突如其来地看到自己变成了前所未有的可憎魔怪。我看到整整一代人都争先恐后地赞同这一奇怪的观点，毫无解释，毫无怀疑，毫无羞耻，而我却无论如何也猜不透这一奇特变化的原因。我拼命挣扎，结果却只是被束缚得越来越紧，陷得越来越深。我试图迫使我的迫害者们对我讲道理，说出个所以然来；但他们不予置喙。在我长期毫无结果地为此受尽折磨之后，我也不得不缓歇下来喘上一口气。然而我还是始终满怀希望,我对自己说:"如此愚蠢的一种盲目轻信,如此荒谬的一种固执偏见,想来总是不会赢得全人类的赞同的。总归会有讲道理的人拒绝接受这一胡言乱语;总归会有正直的心灵鄙视弃绝这些阴谋和背叛。还是让我们去找一找吧,最终,我兴许会找到这样的一个人;而只要我能找到这样的一个人,他们也就完蛋了。"但是我的努力又徒劳白费了,我的寻找失败了,我根本没有找到这样的人。这一联盟是普世的,无一人无一物会成为例外,它也一成不变,而我相信,我将在这可怕的流亡中了却余生,却永远也窥不透这个奥秘。

正是在这一可叹可悲的处境中,一番好长时间的焦躁不安后,我找到的并不是似乎命中注定的绝望,而是安详陶然、宁静平和,甚至是幸福,毕竟,我生活的每一天都让我愉快地回想起前一天的光景,而我也不求别的,只求第二天也能依然如此继续。

这一差异究竟来自何处?唯有一个原因。那就是,因为我学会了毫无哀怨地给我自己戴上必然性的桎梏。还因为,我曾努力地寄希望于万千他物的依托,而所有那些可依托之物却一个接一个地从我手边溜走,使我落得个孤孤单单,毫无依靠,我终于也就恢复了原本的常态。如今,我虽受到四面八方的逼迫,我依然能维持住平衡,因为我再无任何他物可依附,只能靠我自力更生。

当我慷慨激昂地挺身反驳公众舆论时,我实际上还戴着他人舆论的桎梏而毫不察觉。一个人总是期待赢得他所尊重的那些人的尊重,只要我还看重人们,或者,至少还对某些人有所看重，那么，对他们给予我的评价，我便断乎不能漠然无视。我觉得，公众的判断常常是公正不偏的，但我并不觉得这一公正不偏本身是事出偶然，我并不认为，人们的看法据以确立的准则仅仅来自于他们的激情或是由这种激情造成的偏见，我当然不认为，即使当他们作出正确判断时，这些判断时常是从一个错误的原则中生出来的，这就好比，他们会因某个人在某方面的成功而装模作样地推崇他的功绩，但是，这样做并非出于公正之心，而是为了让自己摆出一副公正不偏的样子，以表示，当他们在别的问题上肆意诽谤这同一个人时，也是本着一颗不偏不倚的君子之心而做的。

但是，在长期而又徒劳的追求之后，当我看到，他们一无例外全都留在了一种地狱般的精神所能创造的最不公道、最为荒诞的体系中；当我看到，在对待我时，他们所有的脑袋全不剩下半点理性，他们所有人的心全不剩下半点公允；当我看到，他们全都听从领头人那盲目的狂怒，疯子一般地扑向一个不幸的人，而这个人却从来都没有对任何人作过恶，使过坏，也没有想过要对任何人作恶，使坏；当我苦苦地寻求一个人而不得，我最终只得把手中的灯笼吹灭，大声地叫嚷道：世上根本再也没有这样的人啦；这时候，我才开始大梦初醒地发现，我在这大地上是孤独一身，我明白到，我的同时代人对于我只是一些机械的存在，他们完全只凭借外来的推力而动，而我也只能根据物体的运动规律来计算他们的行动。无论我猜想他们的心中有什么样的意图，什么样的激情，他们都根本无法以我能理解的方式来解释他们对我的所作所为。正因如此，他们的心绪于我就不再有任何关系；在他们身上，我看到的只是一团团不一样地活动着的物质，对我而言早就彻底丧失了任何道德意义。

在降临到我们头上的一切苦难中，我们看重的更多的是动机，而不是效果。从屋顶掉落的一片瓦带给我们的伤害可能会更大些，但它却不比由一只恶意的手故意投来的一颗石子那样叫我们痛心。打击本身偶尔还会落空，但意图却从来不会达不到其目的。在命运给予我们的打击中，物质的痛苦倒是我们最不在意的，当不幸的人们不知道该把他们遭受的伤害归咎于谁时，他们干脆就归咎于命运，并把命运加以人格化，把它说得有鼻子有眼，有脑筋有智力，是故意来折磨他们的。这就好比有一个赌徒，实在输得有些急红了眼，便勃然大怒，火冒三丈，而不知道究竟该向谁发泄心底的怒火。他想象有一种命运在故意捉弄他，折磨他，而在为他的愤怒找到一个发泄对象后，他便抖擞精神，积极行动起来，对那个由自己凭空假想出来的敌人全力倾泻他的怒火。在落到自己头上的种种不幸中，明智的人往往只看到盲目的必然性带给他的打击，根本就不会作出此等丧失理智的轻举妄动；痛苦时，他也叫喊几声，但不发脾气，不会动怒；只是在遭受物质上的打击时，他才会感到切实的痛苦，而他所挨的一记记打，尽管伤害了他的身体，却没有一记会伤到他的心。

到达这一地步已经相当不容易了，但假如我们就此停步，那可就前功尽弃了，毕竟，这还远不是全部。尽管我们已经切除了痛苦，但斩草还没有除根。因为这个根并不在与我们毫不相干的其他人身上，它就在我们自己身上，我们恰恰得在我们自己身上下功夫，将它彻底根除。这就是我开始回归我自身时的深切感受。当我寻求对发生在我身上的那一切作出解释时，我的理智向我显示，这些解释不是别的，只是一些荒唐可笑的话，于是，我就明白，所有这一切的原因、工具和手段原本都为我所不知，更是无从解释，而我则应该把它们看成毫无意义。我应该把我命运中大事小情的所有细节都看成命数的一出出戏剧，从中我根本无从猜测任何方向、任何意图、任何道德上的动机；我必须俯首帖耳，乖乖听命，既不作推理思考，也不起而反抗，因为那都是毫无用处的；我在这大地上应做的事，依然还是把自己看成一个纯粹消极的被动者，我决不应该把仅留给我忍受命运摆布的那一点点力量全都无谓地消耗于抗拒天定的命运。这就是我对自己说的话。对此，我的理智和我的心也都一致同意，然而，我依然感到我的心还在喃喃自语。这一喃喃细语又从何而来？我探索答案，我找到了答案；它来自于自尊心的作祟，正是这自尊心，对人们表示愤慨之后，又起而对抗理性。

这一发现并不如人们以为的那样容易做到，因为一个饱受迫害的无辜者，长久以往，总是把他那自身小小个体的骄傲自豪看成一种对正义的纯真热爱。但是，这真正的源泉一旦被我们知晓，是很容易枯竭的，至少也是很容易变换流向的。对自身的尊重是自豪心灵的最大动力；自尊心拥有丰饶的幻象，往往会伪装自己，让人误认为它就是这一尊重本身；但是，自欺欺人的骗局一旦被揭穿，所谓的自尊心便无从藏身，它就不再可怕了,尽管人们依然还难以将它完全消灭,至少还是比较容易把它遏制住的。

我从来不是一个自尊心很强的人;但是当我厕身于上流社会时,尤其当我成为一个作者时,这一矫揉造作的激情便在我心中膨胀起来;也许,跟别人相比,我的自尊心依然还算不得太强,但也已经相当可观了。我接受的那些惨痛教训,很快就把它重新封闭在它早先的界限内;它开始起而反抗非正义,但到最后,对非正义,它只剩下了一份蔑视。通过反躬自省,通过斩断使自负心变得苛刻的那些对外关系,通过放弃种种攀比与种种偏爱,这一自尊心也就满足于我的洁身自好;于是,自尊之心就重新变为了自爱之心,回归到人性的自然轨道中,把我从舆论的桎梏中解放了出来。

从此,我就重新觅得了心灵的平和,甚至可说是至上的福祉。无论位于怎样的处境,我们之所以常常会感到不幸,完全是自尊心在作祟。当它噤声不语,而理性开口发言时,理性最终会为仅凭我们的能力不一定就能避免的一切痛苦而给我们以慰藉。只要那些痛苦并不直接落到我们头上,理性甚至还能把它们彻底消灭掉,因为那时我们便可确信,只要我们不再去关注它们,就可避免它们最令人心寒的打击。对那个不去想苦难的人来说,苦难就算不了什么。对一个在他遭受的一切苦难中都只看到苦难本身而不去看他人动机的人,对一个在其心中自身地位决不受他人毁誉影响的人,冒犯、复仇、亏负、侮辱和凌辱都算不了什么。无论人们看待我的方式如何,他们都改变不了我的存在本身,无论他们如何强劲有力，无论他们施展什么伎俩，也无论他们干些什么勾当，我都将继续保持我的本色，而丝毫不受他们的影响。没错，他们对我的态度，确实能影响我现实的处境，他们在他们与我之间竖起的壁垒，剥夺了我暮年生活维持生计和赢得外援所需的一切来源。这一壁垒甚至使得金钱也对我毫无用处，因为金钱并不能为我提供必要的服务，他们跟我，既没有什么彼此的交往，也没有互相的帮助，甚至连书简也不通一封。在他们中间，我孑然一身，我唯一的生活来源就是我自己，而在我如今这把年纪，在我眼下的处境中，这一来源也变得十分微薄。这些苦难甚为深重，但自从我学会了如何宠辱不惊地默默忍受它们后，苦难于我也就丧失了一切魔力。其实，我们真正能感到有所需要的关键之点往往总是很少。通常，都是预料与想象使之大幅度增加，而我们也正是由于持续不断地有着这一情感，才会感觉不安，才会使自己变得不幸。对我而言，知道明天我仍将会受苦这一点是无所谓的，我只需今天不受苦就行，这样，我就能保持住平心静气了。我一点儿都不会因我预料的来日之苦而感到纠结，我所纠结的只有我眼下感觉到的苦，而这便让它缩减得所剩无几了。我孑然一身，疾病缠身，躺在床上，可能会因贫困交加、饥寒交迫而死去，而没有任何人为我挂虑丝毫。但是，假如连我自己都不去挂虑，假如连我自己都跟其他人一样，根本不在乎我的命运究竟会怎样，那么，这一切又有什么关系？尤其是到了我这把年纪，要学会用同样漠然的眼光来看待生命与死亡、疾病和健康、富贵与贫贱、荣耀与诋毁，难道还不是小事一桩吗？所有其他的老人对人生的一切皆忧心忡忡；唯独我对万事万物全都无忧无虑，无论将来会发生什么，我对世事全都无所谓，而这种漠然的态度并不是我智慧的产物，而是我的敌手的杰作。我当然应该学会从他们对我的伤害中获取种种好处，由此作为补偿。他们使得我对厄运逆境一概漠然处之，这给我带来了更多的益处，而假如他们假仁假义地免去对我的攻击，那么，带给我的好处就会少得多。我若是不曾体验这一厄运逆境，我恐怕会总是惧怕它，而当我克制住了它时，我也就不再怕它了。

正是这样一种心理状态，让我顺从天性、漫不经心地渡过了整整一生中的种种风浪险阻，就仿佛我过着几乎可称为大富大贵、辉煌显耀的日子。当然，在一些短暂的时刻，我也会睹物生情，悲从中来。但其余时间里，我都顺乎天性，沉溺于那些吸引我的感情中，我的心总是被我生而好之的那些感情所滋养，我跟一些想象人物一起尽情地享受它们，仿佛他们不是想象出来的，而是确确实实存在于世的，正是他们产生出了并分享了这些情感。他们是我创造出来的，对于我，他们是切实存在的，我既不担心他们会背叛我，也不担心他们会抛弃我。只要我自身的苦难存在一天，他们就会持续存在一天，而只要有了他们，我也就能把那些苦难彻底忘却。

一切都把我带回到幸福而甜蜜的生活中，而我天生就是要过这样的生活的。我生平的四分之三时光是这样度过的：或是开开心心地把精神和感官寄托于有教益的甚至是可爱的事物，或是跟我按照自己的心愿创造出来的幻想中的孩子们在一起，而跟他们的交往也滋养了我的这种感情，或是一个人独处，满足于自享其乐，心中充满自身感觉完全应得的幸福。而所有这一切，全都是爱己之心的产物，自尊心在此是不起丝毫作用的。当然，有时候我就不会这样了，那些忧伤时刻，我身处于一些人当中，但是我成了他们虚假的安抚、他们嘲讽而又夸张的恭维、他们口蜜腹剑的奸诈的玩物。此时，无论我采取什么态度，自尊心总是会起作用的。透过这一层拙劣的外衣，我看到了他们心底的仇恨和憎恶，这仇恨和憎恶撕裂了我痛苦的心；而一想到，我竟被他们看作是那么个傻瓜蛋，更是在痛苦之外增添了一分幼稚的恼恨，这是一种愚蠢自尊心的结果，我感觉到它彻底的愚笨，然而我却无法克制它。我作出了种种令人难以置信的努力，试图让我健康地挣脱这些充满侮辱与嘲讽意味的目光。我成百次地走过公众散步的走道，走过人群最稠密的场所，没有其他任何目的，只为锻炼我自己，增强自己忍受那些残酷接触的能力；但我不仅没有做到这一点，而且还毫无进展，我所做的一切努力不仅万分痛苦而且毫无成效，我依然还跟从前一样，易焦躁，易悲伤，易愤怒。

我无论做什么，都被我的感官牢牢控制，我也从来不知道该如何抵挡它们加给我的印象，只要客体对象还在作用于我的感官，我的感情就会不断地受它的影响；但是，只要导致这些暂时影响产生的感觉不复存在了，那么，这些影响也就随之消散无形。心怀仇恨的人一在场，我就异常地躁动，坐立不安，但只要他一消失，我对他印象也就立即随之消失；

就在我不再看见他的那一瞬间，我便不再去想他了。我明明知道他不会放过我，还会来纠缠我，但这没有用，我是不会再在意他了。只要眼下我不再感到苦痛，我也就根本不会受它影响，只要我眼前看不到迫害者，我就眼不见心不烦，权当世上根本没有这么一个人。我感到，采取这样的立场会给掌控我命运的那些人带来好处。不过，就让他们爱怎么掌控就怎么掌控我的命运好了。我宁愿不作任何反抗地让他们折磨我，也不愿为免遭他们的打击而不得不去想他们。

我的感官对我心灵的这一作用，造成了我一生中唯一的磨难。在我看不见任何人的那些日子里，我就不再去想我的命运；我也就不再感觉到我的命运，也就不再为之痛苦，我也就感到幸福，感到满意，既无任何杂念来分心，也无任何障碍来阻隔。但是，我很少能躲避某个敏锐的打击，往往在我最意想不到的时刻，当我瞥见一个莫名的手势，一道阴森森的目光，当我听到一句恶毒的话语，当我辨认出一个心存恶意的人，我便会心慌意乱。在此类情境中，我所能做的一切，就是赶快忘却一切，急忙溜之大吉。随着引起我心中慌乱的对象的消失，我的慌乱也跟着消失，一旦我孤独一人时，我就回复到平静之中。如果说，此时还有什么令我不安的话，那便是生怕在路上还会再碰上引起我痛苦的新东西。我唯一感到为难的就是这个；它足以毁掉我的幸福。我居住在巴黎城的中心。走出家门之时，我便渴望乡野的景色与孤寂的境地，但我得走很长的路方能寻找到如此的境地，结果，还没等我自由自在地舒畅呼吸，半途中我就会遇见千万种让我十分揪心的事物,一天之中竟有半天就在焦虑不安中耗费掉了。而要是能平平安安地走完这段路,那就算不幸之中的万幸了。成功摆脱那帮子恶人的那一刻可真是甜美啊,一旦我安坐到树林的浓荫底下,置身于一片绿色的乡野之中,我就以为自己来到了人间天堂,我品味到一种如此强烈的内心喜悦,仿佛自己是这尘世间最幸福的那个人。

我十分清楚地记得,就在我辉煌耀眼、如日中天的那段短暂日子里,如今看来如此甘美的同一番孤独漫步,那时在我眼中却显得平淡无奇,枯燥乏味。当我寄居在乡间友人家中时,独自一人出外散心,去呼吸新鲜空气的迫切需要,让我时不时地像一个小偷那样偷偷摸摸四处溜达,在林园或乡野中漫步,但我远没有找到我如今在田野中饱尝的幸福的宁静,因为那时我满脑子萦绕着沙龙里那些毫无意义的想法;被我留在沙龙中的那些同伴,似乎也跟随我出来了,即便在我的孤独中,自尊心的迷雾以及上流社会的喧嚣还是蒙蔽了我的眼睛,使得灌木林中的清新爽朗也变得阴沉暗淡,骚扰了隐居遁世的那一番宁静。我再怎么逃往密林深处也无济于事,一大群讨厌鬼到处都紧随我不舍,把整个大自然都给我遮蔽了。只是当我摆脱了对社交生活的盲目激情后,摆脱了上流社会那群可悲的人之后,我才重又觅见了大自然的全部魅力。

当我坚信已根本无法抑制最初的那些无意识冲动时,我便不再为此而白白耗费精力。受到伤害时,我每每任由自己热血沸腾,任由愤怒和幻想夺走我的感官,我听凭自然,随性而为，任由我即便竭尽全力也无法阻止或悬置的那一切爆发出来。我只在这一爆发还没有产生任何效果之前努力阻止它的发展势头。两眼炯炯放光，满脸通红发热，四肢颤抖不已，心儿怦怦乱跳，这一切只取决于生理本能，理性对此无能为力；但是，听凭最初的这阵发作自然而然地过去后，人们是可以渐渐地重新把握自己的感官，重新成为自身的主人的；这正是我长时期努力想做到却始终没能成功的，但是，这样最终反倒更幸运。我不再使出力量来作徒劳无益的反抗，而是让我的理性起来行动，等着胜利的那一刻来到，因为，理性只是在能被我倾听进去时才会对我说话。唉！我都说了些什么呢，我的理性？我若是把这一胜利的荣誉归功于它，那可就大错特错了，因为这里几乎就没有它理性的什么份。一切全都来自于我那一种摇摆不定的脾性，只要有一阵风刮来，就会无常地摇晃，而只等那风一停，便顿时复归于平静。让我一度摇晃不已的，是我炽热的本性，而让我平复下来的，则是我懒散的本性。我听从一时间里所有的冲动，任何冲击都会给予我一种强烈而又短暂的运动；但冲击一旦消失，运动也就立即停止，没有什么能一直传递到心中并延伸开来。命运的所有事件，世人的所有机巧，对一个如此气质的人实在是鞭长莫及，起不到什么作用。要让持续的苦难来触动我，就必须时时刻刻更新痛苦的感觉。因为只要有片刻的间歇，且无论它是多么短暂，都足以让我复归于我的本性。只要人们能够作用于我的感官，我就始终是一个能得他们开心的人；而只要这一作用稍有停歇，我便立即就会重新成为自然本性所要求的那样一个人，不管人们如何行事，这就是我最经常的常态，也正是通过这种常态，无论命运怎样复杂，世事如何变幻，我都会品味到一种我自认为生来就该品味的幸福。我已经在我的另一篇遐想中描绘过了这一状态。它是如此地合我脾性，我心中别无所求，唯独希望它能持续下去，唯恐看到它被侵扰。人们曾经加于我的侵害丝毫无法伤及我；而唯有那种担心，担心他们还有可能加害于我，能让我内心骚乱，焦虑不安；但是，我确信，他们再也没有什么新的花招能让我久久沉湎于一种持续不安的情感中，我对他们所有的阴谋诡计只会嗤之以鼻，一笑了之，我将始终我行我素，自得其乐。

漫步之九

幸福是一种上天似乎并没有为人类在尘世凡间安排的恒久状态。人世间，一切都在持续不断地流动，不允许任何事物以始终不变的形式存在。在我们周围，一切都在变化中。我们自己也在变化中，谁也不能保证他明天还会继续爱他今天之所爱。因此，我们为今生今世争取至福的一切规划皆为空想。还是让我们随遇而安，尽情享受那种时不时来到我们心中的精神满足吧；让我们竭力避免因我们的错而把这份满足之心赶走；但是，也千万不要盘算把它牢牢拴住，因为那样的规划纯粹就是痴人说梦，异想天开。我很少见过幸福的人，甚至根本就没有过这样的人；但我经常看到心满意足的人，而且，在所有给我以强烈印象的事情中，就数它最让我自己开心了。我想，这是我的感觉作用于我内心情感所导致的一种必然结果。幸福根本就没有什么耀眼的外在招牌；要想认识它，就得到幸福之人的内心中去寻找；但所谓的心满意足却是可以在一瞥眼、一张口、一举手、一投足中读出来的，它似乎还能感染到发觉这一情绪的旁人。当你看到，在一个节庆之日，有整整一大群人在尽情欢乐，所有人全都心花怒放，喜形于色，沐浴着穿透了生活之层层云雾的迅速而又强烈地闪耀的一片快乐之光,难道还有什么比这更甜美的享受吗?

三天前,P. 先生[1]来看我,满怀一种异常的殷勤,为我显示达朗贝先生写的《若弗兰夫人颂》。[2]还没有开卷读,他就说这篇文章充满了滑稽可笑的新词,还有种种诙谐有趣的文字游戏,说着,不禁哈哈大笑起来,笑了好长一会儿。他开始朗读后,还在一个劲地笑个没完。我则十分严肃地听着他读,他见我一本正经的模样,根本没有学他的样,便终于不再笑了。那卷书中篇幅最长、写得最讲究的一篇围绕着若弗兰夫人如何乐于跟孩子们见面、乐于逗他们谈话而充分展开。作者颇有道理地从这一态度中得出一种证明,说明人天性善良。但是他并不停留于此,而是断然决然地把所有没有这同一种兴趣的人统统指责了一个遍,说他们天性邪恶,他甚至还声称,如果我们就此问题问一下被送上绞刑架或受车轮刑的人,他们恐怕全都会承认他们没有爱过孩子。如此的推断放在这个地方,就产生了一种奇特的效果。即便这种说法言之有理,难道就该在这一场合提出来吗?难道就必须用酷刑和恶棍的形象来玷污对一个可敬女士的赞颂吗?我不难看出这一卑鄙

---

[1] 据说,这位 P. 先生是皮埃尔·普雷伏(Pierre Prévost,1751—1839),是日内瓦的哲学家和物理学家。他在卢梭在世的最后一年半期间常去看望他,卢梭将自己的部分手稿托付给了他。

[2] 若弗兰夫人(Mme Geoffrin,1699—1777),法国著名的沙龙主持人,她对她家沙龙的来客从来不看出身、财富、权位,而只看才智。丰特奈尔、达朗贝尔、孟德斯鸠、伏尔泰、爱尔维修、狄德罗、摩莱里等人都曾是她家沙龙的座上宾,当时外国名人到巴黎,都以能有幸去她家出席沙龙为荣。

做法的动机所在,等到P.先生把文章念完,我就赶紧指出这篇赞扬的文字中哪些我认为写得很好,然后特地补充说,作者在写该文时,心中的仇恨是远远多于友情的。

第二天,虽然很寒冷,但天气相当好,我就出门去作一番小小的散步,一直走到军事学校,想到那里看一看正盛开了朵朵小花的苔藓。去的一路上,我一直在做梦似的想着头一天P.先生的来访,想着达朗贝尔先生写的文字,我认为,文章中硬生生镶嵌进去的插曲故事绝不是什么无缘无故的行为;他们对我向来是什么都要隐瞒的,唯独这一回却把这小册子拿来给我看,这足以暴露出他们的原本意图。我把我的孩子们送进了育婴堂;单凭这一点,他们就足以把我歪曲成一个无情无义的父亲,由此概念,推而广之,他们就将一步步地得出一个显而易见的结论,说我仇视孩子;当我一步步地追随他们的推理链条时,我也不禁赞叹,人的本事实在也太高明了,竟能以如此的手段来混淆黑白,颠倒是非。因为我实在不相信,还有谁会比我更爱看到小孩子们在一起嬉戏玩耍了,在街上行走或在散步时,我时常会停下来兴致勃勃地看孩子们游戏打闹,那一份浓烈的兴趣是谁都无法与我媲美的。就在P.先生那天来访之前的一小时,我的房东苏斯瓦家两个最小的孩子就到我那里来过,大的那个大概有七岁了;他们满心喜悦地前来拥抱我,我则也非常温柔地还他们以抚摩,以至于,尽管我们之间年龄悬殊,他们却非常真诚地愿意和我待在一起,因为他们很开心;而我,当看到我这张满是皱纹的老脸并不惹他们讨厌时,我是多么欣喜啊;年纪更小的那一个看来如此乐意回到我身边，以至于我这个比他还更孩子气的老人，私下里感觉对他早已更偏爱一些。看到他转回家去时我就越发恋恋不舍，仿佛他就是我亲生的孩子。

我明白，对我把孩子送进育婴堂的指责，只要稍稍添油加醋一番，就很容易转化为另一种指责，也即说我是丧失了良心的父亲，说我仇视孩子们。然而，有一点是毋庸置疑的，我之所以最终决定迈出这一步，主要是担心，若不如此的话，他们无论如何都会遭遇一种几乎无法避免的糟糕千百倍的命运。我根本无法亲自抚养他们，而如若我果真对他们的前途那么不关心的话，以我当时的处境，我就得让他们的母亲来抚养他们，而她就会把他们娇惯坏，或者，我得把他们交给她的娘家人，而她的娘家人就会把他们养成魔鬼般的恶人。一想到此，我到现在还会不寒而栗。穆罕默德对赛义德[1]的所作所为，要是与人们可能会在我孩子们身上做出的种种事情来比，恐怕就显得微不足道了，而人们随后为我设下的种种陷阱则充分证实，他们当初早就蓄谋已久了。说实在的，我当时远没有预想到会有这样残忍的阴谋诡计，但我知道，对孩子们来说，危险性最小的教育，就数育婴堂的教育了，因此，我也就把他们送去那里了。如果今天还有这种情况出现，我可能依然还会如此处理，而且疑虑还会更少一些，我清楚地知道，只要习俗对天性还能帮上那么一点忙，那么，天底

---

[1] 见伏尔泰的悲剧《穆罕默德》（1741年公演）。赛义德是穆罕默德的养子，穆罕默德爱上了他的妻子，就强迫赛义德与妻子离婚，把她让给他。

下当父亲的哪一个也不会比我对我的孩子们更慈祥了。

如果说，我对人心的认识有了一些进展，那么，这样的认识应该来自于我在看望和观察孩子们时的那份乐趣。而在我年轻时，这同一份乐趣却为我对人心的认识设下了某种障碍，因为，我那时跟孩子们玩得如此开心，如此欢欣，竟不怎么想到要去研究他们。但是，当我日渐衰老，看到我这张饱经风霜的老脸会让他们担忧时，我便尽量克制自己不去骚扰他们，宁可牺牲自己的乐趣，也不破坏他们的乐趣，于是，我就满足于在一边旁观他们的游戏，还有他们的种种小伎俩，不过，从我的这种牺牲中，我倒是也得到了补偿，毕竟，我从这些观察中获得了关于人性的最初、最真实活动的知识，而这，正是我们的那些学者一窍不通的。我以我的作品来证明了一点，即我在这一研究中实在是下了太大的功夫，在工作中我不可能不兴致勃勃地投入，而要是说《新爱洛伊丝》和《爱弥儿》这样的作品出于一个不爱孩子的人之手，那一定是天底下最令人难以置信的事了。

我从来都不是一个才思敏捷、口若悬河的人；而自从我遭遇不幸以来，我的舌头和脑子也就越来越迟钝了。灵活的想法与恰当的词语全都离我而去，而再没有什么比与孩子们交谈时更需要有一种良好的辨别能力，以及一种恰当的表达选择。对于我，还有另一个因素让这一为难有增无减，那就是听众的注意，以及他们对我这样一个人所说所写的一切给予的重要分量和各种解释，既然我已经专门为孩子们写过书，于是我对他们讲的每句话就自然被当做神谕了。这种极度的困惑，再加上我感觉我自身的无能，弄得我茫然失措，困惑不安，在随便哪一位亚洲的君王面前，我恐怕也会比与一个小娃娃说话时轻松自如得多。

另外，还有一个不便之处使我跟小孩子们现在更趋疏远，自从我遭遇不幸以来，我看见他们时虽兴致盎然依旧，但跟他们相处一起却再也没有了往日的那种亲切。孩子们是不喜欢老年的，在他们眼中，老态龙钟的样貌是丑陋的，我所觉察到的他们的嫌恶之情令我伤心；而我，我宁可克制着不去抚摸他们，也不愿给他们带来尴尬甚或厌恶。这一动机只能在真正富有爱心的人心灵中才能产生反响，而在我们所有那些博学多才的男男女女的眼里，根本就不值一提。若弗兰夫人根本就不操心孩子们在她身边时是否快乐，只要她自己跟他们在一起感到快乐就够了。但是对于我，这样的快乐比没有快乐还更糟，当这快乐不为双方所分享时，它便是个负数，而我已不再处于当年的那个情境，也不是当年的那个年纪了，我再无法看得见一个孩子小小的心跟我的心一起心花怒放了。假若这种情况还可能发生在我身上，那么，已变得稀有的这一快乐对于我就只会更加强烈，那天早上，当我抚摸苏斯瓦家的孩子时，我就很明显地感到了这一点，那不仅因为领着孩子的那个保姆并不怎么让我胆怯，面对她时我不怎么感到有必要太在意自己的言行举止，而且，那两个孩子跟我在一起时始终都笑容满面，丝毫没有流露出不开心或厌倦的神态。

啊！要是我还有一些机会，能够享受发自内心的纯粹的温柔，那该多好啊，哪怕那是来自一个还在襁褓中的婴儿，要是我还能在一双双眼睛中看到跟我在一起时一个个快乐和满足的心灵，那么，我心中那些虽然短暂却很甜美的感情流露，将会是对我多少苦难、多少艰辛的补偿？啊！那样的话，我根本无需从动物眼中去苦苦寻求那充满仁善的目光，要知道，相当一段时间以来，人类就拒绝朝我投来这样的目光。我很少有场合能辨识这样的目光，不过它们在我的记忆中始终弥足珍贵。这里就有一个例子，如果处在任何别的情境中，那我恐怕早把它给忘了，而它在我心中留下的印象却很好地描绘出了我整个的可悲境况。两年前，有一次，我在新法兰西咖啡馆[1]附近散步，之后，我又往远里走了走，然后向左一拐，为了在蒙马特尔高地绕上一圈，我就穿过克里尼昂古尔村。我一路心不在焉地走着，脑子里胡思乱想，眼睛也不左顾右盼地观望，忽然间，我觉得有人抱住了我的膝盖。定睛一看，原来是一个五六岁的小男孩，一边使劲地抱住我的膝盖，一边用一种那么亲切、那么温柔的眼光看着我，看得我五脏六腑都为之感动了，我不禁对自己说：我的孩子要是在身边的话，他们一定会这样待我的。我把孩子抱到怀中，欣喜若狂地一连吻了好几下，然后我才继续走我的路。一路上，我总感到心中像是缺失了一点什么似的，一种越来越滋长的需要在促使我幡然回首，半路折返。我责备自己实在不该就这样突然离开这孩子，我认为，在他没什么明显动机的行动中，

---

[1] 法兰西咖啡馆（la Nouvelle-France），在巴黎右岸，今波瓦索尼埃路与波施龙路之间，离蒙马特尔高地和克里尼昂古尔不远。

可以看到某种决不可小觑的灵感。最终,我还是屈服于诱惑,掉头折了回去,我向孩子跑去,再次抱起了他,亲吻了他,并给他一点钱买几块楠泰尔小糕点,因为卖糕点的小贩恰好从我们身边走过,然后,我就逗孩子叽叽喳喳地说个不停。我问他爸爸是谁,在哪里,他指给我看,原来是一个正在边上干活的箍桶匠。我正准备要离开孩子去跟他父亲说几句话,忽然发现有一个面目狰狞的家伙已经抢在我前面了,看来是有人派来始终在钉我梢的一个密探。就在这家伙跟他附耳低语时,我看到那箍桶匠两眼死死地盯着我,眼神中显然毫无友好的色彩。这一景象一瞬间里紧紧揪住了我的心,我便赶紧离开了这父子俩,步子比刚才折返跑来时还更迅疾,心里却在一直犯嘀咕,原先的那种好心情早已被糟蹋成了一锅子糊涂酱了。

然而,从此以后,我也时常感觉这样的感情在我心中油然而生;我曾好几次从克里尼昂古尔那一带经过,一心希望能再看到那个孩子,但我再也没能见到他,也没能见到他父亲,那次相逢给我留下的就只有一种相当生动的回忆,它就像所有依然还偶尔触动我心底的激情一样,总是交织着甜美和苦涩,并且最后总以一种痛苦的反应而告终结。

世间万事万物,有失必有得,有损必有补。我的乐趣通常是稀罕而又短暂的,但即便如此,当它们来临时,我却会更加热情地品享,远胜于假想中它们常来常往的情景;我经常回忆起这种乐趣,反复咀嚼,无论这一乐趣是如何罕见,只要它纯洁无瑕,毫不掺假,那我就比自己飞黄腾达走向辉煌还要幸福。赤贫的人略有所得就觉得自己已成了富翁；一个穷光蛋拾得一块银元便会心花怒放，远比一个富人捡着一袋金子还要高兴。那样一种实属罕见的乐趣，我竟能避开迫害者的监视而偷取到，假如人们能看到它留在我心底的印象，恐怕就会忍俊不禁。最后一次这样的乐趣，我是在四五年前得到的，如今回忆起来，每每不免为当时有过如此美妙的享受而欣喜不已。

一个星期日，我和我太太去马约门[1]附近吃晚餐。饭后，我们穿过布洛涅森林，一直走到拉米埃特花园那一带；到了那里，我们便在树荫下的草地上席地而坐，等着太阳下山，然后再从帕西那一带从从容容地回家。正巧，二十来个小姑娘由一个修女模样的人领着，也到我们这边来了，她们有的就地坐下，有的就在我们身边转悠。就在她们玩耍的当儿，走过来一个卖酥饼的人，带着他的小鼓和转盘[2]，想招徕一点生意。我看到，小姑娘们都非常想尝尝酥饼，她们中有两三个，显然身上带了几个钱，就求那修女准许她们去碰碰运气。当管事的修女还在犹豫，想跟孩子们讲一番道理时，我就上前叫过来卖糕饼的，对他说：让那些小姐每个人都转一回试

---

[1] 马约门（la porte Maillot）是巴黎西城的一道城门，近布洛涅森林，离帕西也不太远。

[2] 这类买卖带有赌博性质。转盘中心竖有一根立柱，一根横杆以它为中心旋转，横杆的一端垂下一根细线，线端有一针。转盘上从圆心到圆边画有多道辐射线，把转盘分成许多个带弧线的格子。横杆旋转后，垂线上的针停在哪一格，就按该格所标明的数字得彩。

试，钱统统由我出好了。话刚一出口，就在那群小姑娘中得到了热烈响应，见她们个个快乐至极，我也很开心，只觉得，即便把我钱包里的钱花个精光，这样做也算是值了。

我看她们一拥而上，争先恐后，秩序有点混乱，于是就征得修女的同意，让她们在一侧排好队，依次上去试一试手气，然后再从另一侧离开。尽管轮盘没有空白档，即便没能中彩的姑娘至少也能得到一块酥饼，不至于有人会绝对不高兴，为让气氛变得更热烈一些，我还是悄悄吩咐卖酥饼的人，让他一反平日里惯用的让顾客输多赢少的窍门，尽量让姑娘们多得彩，反正我最后会给他结账的。由于事先打好了招呼，尽管姑娘们每人只转了一次轮盘，却总共得了一百来块酥饼，说到只让每个人转一次轮盘，我在这一点上是不容通融的，因为我一向反对过分的纵容，也反对只会制造不和氛围的偏心。我的太太则暗示那些得了大彩的小姑娘分一点给她们的小伙伴，如此一来，每个人分的也就大致平等了，众人也就统统都高兴了。

我请那个带队的修女也过来转一次，一开始心里还怕我的好意会碰上一个软钉子，不料她竟开开心心地接受了，也跟那些寄宿女生一样转了一次盘，大大方方地取了她应得的一份；我对她表示了无限的谢意，并感到她的此举体现了某种礼貌，深合我意，远比矫揉造作扭扭捏捏要强多了。在整个游戏过程中，孩子们也有过一些争执，还告到我这里来请求评判，当这些小姑娘纷纷来到我跟前诉说时，我就有机会注意到，虽然她们没有哪一个说得上漂亮，到底还是有几个挺可爱的，足以掩盖她们的丑陋。

我们终于分手了，彼此全都高高兴兴的；而那个下午也就成了我一生中能够回忆起来的最满意时刻。另外，这次欢庆也没有花费我多少钱，算了算，我出了最多不过三十个苏，换来的却是一百个埃居[1]也难买到的满意。的确没错，真正的乐趣是不可用花销来衡量的；欢乐更愿意跟铜板里亚尔[2]交朋友，而不愿跟金币路易结情谊[3]。后来，我曾好多次在同一时刻到同一地点去，希望能在那里再见到那群小姑娘，但始终未能如愿。

这次相遇让我联想起另一次几乎同类的娱乐活动，但那是更久前的事了。那是我处于不幸的艰难年代，我混迹于富豪和文人中间，有时甚至落到不得不与他们分享可悲乐趣的地步。当时我在舍佛莱特[4]，正赶上居所主人的本名日。他们全家人齐聚一起庆祝节日，又是演戏，又摆筵席，还有种种游戏，甚至还放起了烟火，真个是样样不缺，好不热闹。众

---

[1] 埃居（écu），是法国古货币的一种，这个词在法语中是"盾徽"的意思，一般情况下，埃居指的是银制埃居。1 个银埃居等于 3 里弗尔（法镑）。

[2] 里亚尔（liard），法国古币名，相当于四分之一个苏，而 20 个苏为一个里弗尔（法镑）。

[3] 金路易（louis d'or）是法国古币名，18 世纪后期，1 个金路易大约合 24 个里弗尔，也即 480 苏。

[4] 卢梭于 1756 年 4 月迁居埃皮奈夫人为他提供的巴黎近郊的退隐庐。舍佛莱特（la Chevrette）也是埃皮奈夫妇的产业，离退隐庐不远，卢梭因此常常被邀请去那里小住。

人忙得连喘口大气的工夫都没有,与其说是寻欢作乐,倒不如说是自寻繁忙,简直有些焦头烂额。晚餐后,众人纷纷来到大道上,想去那里好好透口气。当时正赶上集市。众人跳起舞来;乡绅老爷们自觉放下身段,跟农家姑娘一起开跳,而矜持的贵夫人们则不愿屈尊降低身份与村夫共舞。集市上有人在出售香料甜面包。同行的有一个小青年顿生一念,买下一些甜面包后,一个接一个地往人群中扔去,只见大伙儿一拥而上,过来抢夺,乱作一团,真个地你争我夺,你推我搡,你伸胳膊我伸腿,这情景是如此令人兴奋,所有人都抢了个不亦乐乎。一时间里,甜面包似鸟儿腾空,满天飞舞,姑娘和小伙子们跑过来踩过去,挤成一堆,身子好像都散了架;这似乎让所有人全都心花怒放。我不好意思依然在一旁端着架子,便跟大家一样起哄,尽管心里头并不像他们那么穷开心。但是,不一会儿我就觉得,掏空自家的腰包让别人挤成一团,实在没有什么太可乐的,就离开他们那乱哄哄的一大群,独自一人去集市另一边闲逛了。集市上各色货物琳琅满目,让我着迷了好久一阵子。我发现有五六个萨瓦[1]小伙子围着一个小姑娘,小姑娘的货摊上还剩有那么十来个稍稍有些干瘪的苹果,她很想早一点脱手卖掉。那些萨瓦小伙子也很想让她摆脱困境,尽早收摊,但他们囊中羞涩,几个人加起来身上

---

[1] 萨瓦地区在今法国东部,与瑞士、意大利接壤,18世纪时属撒丁王国。当时,不少萨瓦人前往巴黎打工,多半充当清烟囱工和搬运工。

也只有两三个里亚尔的小铜钱,根本就抵不上这些苹果的价。对他们来说,这个苹果摊就好比赫斯珀里得斯她们家[1]的果园,而那小姑娘就是看守果园的龙。这一出喜剧让我开心了好长时间;到最后,我把小姑娘的那些苹果全都包圆买下,让她分给几个小伙子,这才算收了场。就这样,我看到了一个最温馨的场面,足以让一个人的心灵享受纯粹的快乐,我看到,那几个小伙子的脸上洋溢着一种跟他们纯真的青春年华融为一体的愉快。在场的人看到此情此景,也都共享了这一份愉悦,至于我,花这么小的代价就享受到了这一愉悦,我实在是太开心了,更何况这一愉悦还是来自于我的小小杰作呢。

当我把这样的一种乐趣跟我刚刚才逃离的那些乐趣加以比较时,我就很满足地感觉到健康的趣味、自然的愉悦与因富有阔绰而产生的乐趣之间的不同,而后者,说到底只不过就是捉弄人的愉悦,是由轻蔑的心态催生出的孤傲趣味。因为,当我们看到因贫困而堕落的人群,为抢夺几块扔到他们脚下、沾满烂泥的甜面包而贪婪地挤成一团,滚成一堆,猛然拳脚相加,打得鼻青脸肿时,我们又能得到什么乐趣呢?

至于我,当我仔细思考过我在此类场合所获得的感官满足到底属于哪一种时,我发现,这一满足并非基于一种施仁行善的情感,而更多地在于看到一张张面露喜色的脸时的乐趣。对我来说,这样一种魅力,虽然一直深入了我的心中,

---

[1] 在希腊神话中,赫斯珀里得斯是夜神赫斯珀洛斯的四个女儿,她们守卫大地女神该亚作为结婚礼物送给天后赫拉的金苹果树。

却似乎仅仅局限于感官享受。假如我不能亲眼看到别人因我的所作所为而引起的满足，那么，尽管我心底里确信事实就是如此，我享受到的乐趣也仅仅只有一半。这种乐趣甚至是一种与我切身利益毫无关系的乐趣，完全不取决于我能在其中起的作用；因为，在大众节庆的欢乐场合中，这样一种能看到人们开心笑容的乐趣，对我向来都具有强烈的吸引力。然而，这种期待在法国却时常落空，因为，法兰西民族虽然自诩为生性快乐的民族，却很少在她的游戏活动中显露这一快乐。以往，我常常到巴黎郊区的露天小酒店去看小老百姓跳舞：但他们的舞蹈是如此阴沉乏味，他们的举止又是如此笨拙，如此不舒展，每当我离去时，心中怀着的往往不是愉悦而是伤心。但是，在日内瓦，在瑞士，一阵阵笑声并不会不断转化为疯狂的恶言恶语，节庆活动中，一切都散发出满意和快乐，连贫困也不会带来可憎的形象，而豪华也不显得那般咄咄逼人；安逸、博爱、融洽使得人们心花怒放，而在一种天真烂漫的快乐陶醉中，原本各不相识的人常常会相互攀谈，相互拥抱，相互邀请，来共享节日的欢乐。我自己要是想享受这可爱的节日，根本就不需要亲自参与活动，我只需在一旁观看就可以了；只要看到他们，我就能与他们分享欢乐；而在这么多欢快的笑脸中，我确信，没有哪一个人的心能比我的心更加欢欣。

虽然这只是一种感官上的愉悦，却定然具有一个伦理道德上的理由，其证据就是，当我明白到，恶人脸上的那些得意扬扬的欢快表情只不过表明，他们的恶毒心肠已经得到满足，这时候，那同一种面容就不但不能使我高兴，让我愉悦，反而只会使我感到撕心裂肺般的痛苦和悲愤。只有天真无辜的愉快表情才能让我心中感到欣慰。那些残忍的、嘲弄人的愉快表情让我心悲伤，让我心痛苦，尽管它原本与我毫不相干。无疑，那两类表情由于发自如此相异的本原，不可能是彻底相同的，但是，它们毕竟全都是欢快的表情，而它们之间微妙的差异，显然不像在我心中激起反响的差异那般巨大。

我对那些痛苦和非难的表情则更加敏感，以至于当我看到如此表情时，内心总会异常激动，不然便无法忍受它们，而我心中的激动，往往比这些表情所体现的感情还要更强烈。想象力更是加强了感官效果，让我把自己同化为那个心中痛苦的人，并常常使我自己比那个人本人还更难过。另外，一张流露出不满神色的脸，还是一个我根本无法忍受的场景，尤其是假如我有充分理由认定这一不满与我本人直接有关。我不知道该怎么说，从前，我居然傻得要命，就那么硬是让人生拉死拽到那些富贵人家，让那些不乐意伺候主子的奴仆的狐假虎威的阴沉神态给唬住，从而乖乖地掏钱给他们，为他们主子原本好心的接待而付出高昂的代价，谁都说不清我为主人的慷慨而付给了奴仆多少个埃居。我这人，对那些比较能触动人感情的景象，尤其是对那些带有或愉悦或苦痛或仁爱或憎恶的表情的脸，总是特别容易触景生情，见到这样的面部表情，我的内心感情就为之所动，除了脚底抹油，一走了之，从来无法逃脱此种困境。陌生人的一个脸色、一个手势、一个眼神，都足以扰乱我的愉悦，或平息我的苦痛。

只有当我孤身单处时，我才真正属于我自己，除此以外，我就是周围所有人的玩物。

以往，我也曾愉快地生活在世上，当时，我在所有人眼中看到的，都只是慈悲仁爱，即便在那些不认识的人眼中，我看到的也只不过是一种可称为漠然的表情，既非善意也非恶意，那时候，我是快乐的。但是如今，人们倒是费劲巴力地让我在民众中抛头露脸，却对他们拼命掩饰我的品质本性，我的脚只要一踏上街，我就不免会看到周围全是叫我伤心的景象；于是，我只能赶紧迈开大步奔田野而去；只有见到一片青翠葱绿的光景，我才开始顺当地透过气来。是的，我爱孤独，这又有什么好奇的呢？我在世人脸上看到的只是敌意，而大自然则永远朝我露出笑颜。

必须承认，只要世人还都不熟悉我的这张脸，我活在他们之中还是感到很愉快的。但是，这样的一份愉悦，人们却老大不情愿留给我。几年前，我还挺喜欢串村走乡，一大清早里看农夫们动手修理农具，看村妇在家门口看管自己的孩子。这一景象中总有什么东西在触动我的内心，但我却说不上来那是什么。有时候，我会不知不觉地停下步来，久久地看着这些善良的人的小小劳作，感到心中有一种莫名其妙的羡慕之情。我不知道，别人是否看出来我为这小小的乐趣动了感情，我也不知道，他们是否想要剥夺我的这种乐趣；但是，从我走过时人们面部表情的变化中，从人们关注我时的那种神色中，我彻底明白到，确实有人竭尽全力地想剥夺我这一隐姓埋名的乐趣。而在巴黎荣军院[1]附近，同样的事也曾发生在我身上，而且是以一种尤为明显的方式发生的。我对这个漂亮的建筑物向来是很有好感的。每当我看到那一帮优秀的老者时，我总是满怀着柔情和敬意，他们可以像拉塞德蒙拿[2]的老人那样说：

我们当年曾这样

年轻无畏，勇敢坚强。[3]

我最喜爱的散步场所之一就是军事学校[4]附近，在那里，不时地，我会很高兴地碰上一些伤残军人，他们依旧保持着往日军人的正直善良，在经过我身边时会跟我打个招呼。这一招呼使我非常高兴，大大增加了我遇上他们时的乐趣，我的内心也对他们的招呼给予百倍的回报。由于我这人从来都不懂得掩饰心中的那份感动，所以我那时就常常谈及伤残军

---

1 荣军院（les Invalides）在巴黎，是路易十四时期的建筑，1670年由法国国王路易十四下令兴建，是专门用来安置军队中伤残军人的建筑。

2 拉塞德蒙拿（Lacédémone）为古希腊城市斯巴达的别称。

3 普鲁塔克的《李库格斯传》中说到，斯巴达人在民间节日中总会有三组舞蹈表演。先是老年人组，边舞边唱这两句歌词，接着是成人组唱："我们如今正这样，谁来也都能抵挡"，然后少年组唱："我们将来也一样，一代总比一代强"。李库格斯（Lycurgue）是斯巴达的一个立法者，普鲁塔克在其《希腊罗马名人传》中专门为他写了一篇传记，与罗马王努马·庞皮里乌斯（Numa Pompilius）比较而列。

4 军事学校在巴黎，靠近荣军院。

人，谈及我看到他们时是如何如何感动。其实，根本就用不了谈得更多。过了没多久，我就发现，在他们心目中，我不再是一个陌生人了，或者说得更确切一些，我在他们眼里开始变得陌生了，因为他们用跟公众一样的眼光来看我了。原有的善良正直消失殆尽，招呼也不打了。一种咄咄逼人的神气和凶巴巴的目光替代了他们最初的礼貌。军人职业所惯有的坦率，使他们并不像别人那样会用一种冷漠嘲笑和奸诈背弃的面具来掩盖他们的敌意，他们明明白白地对我表示出最强烈的仇恨，而我也会不可避免地带着我的敬意把那些最不会对我掩饰他们内心愤怒的人辨识出来，这可真的是一件惨到了极点的事啊。

此后，我到残废军人院一带散步的兴致就再也不那么高了；然而，由于我对他们的感情并不取决于他们对我的感情，每当我看到这些保卫祖国的老兵时，我永远都不会不满怀敬意和情趣：但是，看到我对他们是如此公正，而他们却相反回报以不公允，我总不免心有戚戚。偶尔，我也会遇上个别摆脱了公共教诲，或者不识我本来面貌的伤残军人，他们居然没有对我表示任何反感，这时候，他作为个别人跟我打的真诚招呼也就补偿了其他人冲我而来的那种讨厌态度。我就把他们统统给忘了，心里只想着眼前的这一个，同时想象他的心灵也跟我的心灵一样，是不让仇恨钻入的。去年有一天，当我过河到天鹅岛[1]上去散步时，我就曾获得过这样的乐趣。

---

1 天鹅岛（l'île aux Cygnes），位于塞纳河流经巴黎城中一段的河中央，在帕西（今第十六区）和格勒内尔（今第十五区）之间。

一个可怜的伤残老兵正坐在渡船上等别人上船一起过河。我上了船,让船夫马上开船。当时正是涨水季节,渡河得费很长时间。一开始,我几乎都不敢跟这位伤残军人搭话,生怕跟平常那样碰一鼻子灰,吃闭门羹,但他那正直的神态让我放心下来。我们就开始攀谈起来。我觉得他很通情达理,也很有德行。他那爽直亲切的口吻让我惊讶不已,甚为着迷,我已经很不习惯领受如此的好意了;当我听说他刚刚从外省来到巴黎,我的惊讶感就立即消失了。我明白了,那是因为人家还没有把我的体貌特征告诉他,也没有教导他应该如何行事。我便利用了我自己隐姓埋名的身份,跟这样一个人闲聊了好一阵,从我获得的甜美中,我感到,即使是那些普通得不能再普通的乐趣,如若难得一尝其味,也足以提升这乐趣的价值。下船时,他从兜里掏出两个里亚尔铜钱。我赶紧替他把渡资付了,请他把铜钱放回衣兜,心里却还怕他会因此而勃然大怒呢。幸好事实并非如此,而是恰恰相反,他对我的好心关照显得颇为感动,特别是当他看到我见他岁数比我还大而特地扶他下船时,这份感动就更显而易见。谁能想得到呢,我当时是如此地孩子气发作,竟然纵情大哭起来!我恨不得把一枚二十四个苏的银币塞到他手里,让他去买烟来抽;可我绝不敢那样做。让我望而却步的同一种羞怯也常常阻碍我去做一些好事,它们原本是会让我满心喜悦的,我却因愚笨而只好克制着不做,并深深为之叹息。那一次,跟我的伤残老兵分手之后,我马上就在心里想,如果我在正大光明地做好事的同时,却用金钱的价格贬低了它的高尚,玷污了它的无私，那岂不是违背了我自己一贯奉行的原则吗？如此一想，我也就心安理得了。对真正需要帮助的人，应该毫不迟疑地给予援助，但在日常生活的交际中，我们就该凭借天然的仁慈和礼貌各行其是，而不让任何贪财重利、物欲熏心的东西来腐蚀与玷污这如此纯洁的源泉。我听人说，在荷兰，当地人连告诉别人一下钟点或给人指一下路都是要收钱的。若当真如此，把人性中最微不足道的义务都当成买卖来做，那样的人也未免太可鄙了吧。

我注意到，只有在我们欧洲，在家留宿客人是要收钱的。而在整个亚洲，留宿客人则全然分文不取，当然，我知道，那里实在也没有什么太舒适的住宿条件。但是，当你对自己说，我是个人，受到了人的接待，你难道认为这是微不足道的事吗？是纯真的人性给了我这顿餐饭。当人的心比身体受到了更好的待遇时，物质上小小的匮乏是根本算不了什么的。

漫步之十

今天是圣枝主日[1]，我同华伦夫人初次见面至今已经整整五十年了[2]。她与本世纪同龄，那时年芳二十有八[3]。而我，则还不到十七岁，我当时还不知道，我才刚刚开始趋于定型的性格，给她那颗生来就充满生命活力的心带来了新热量。如果说，她对一个活跃、温柔而又谦逊的英俊少年怀有带了仁慈心的好感，那是不足为奇的话，那么，一个极有头脑和风度的迷人女子，让我满怀一种感激地对她产生出我当时还难以清清楚楚地说明白的最亲切的感情，那就更不用大惊小怪了。但是非同寻常的是，这最初的一刻对我整个一生起了决定性作用，并以同一种不可避免的链条，连贯了我余生中

---

1 圣枝主日是复活节之前的那个礼拜天。也称棕枝主日、基督苦难主日（因耶稣在本周被出卖、审判，最后被处钉死在十字架），是圣周开始的标志。据新约记载，这一天，耶稣骑在一头白驴上，披着大红斗篷，被耶路撒冷居民迎进城，受到如君王般的欢迎。人们手持棕榈枝，把衣服和树枝铺在地上。

2 卢梭于1728年3月21日同华伦夫人相识。这篇《漫步之十》开始写于1778年4月12日，没有写完，作者就在5月20日离开巴黎迁居吉拉丹侯爵在巴黎远郊埃尔姆农维尔的别墅中，7月2日在那里猝然离世，因而，这篇《漫步》始终没能完成。

3 华伦夫人生于1699年。关于卢梭和华伦夫人在安讷西的初次见面，可见《忏悔录》第一部第二章中的叙述。

的命运。我的心灵还不具备任何确定的形态，因为我的肌体器官还没有培养出那些最珍贵的能力。它迫不及待地等待着应该把那些能力给予我的那一刻，那一时刻，尽管因了我们的相遇而正在加速来临，却还没有那么早就来到。在教育所赋予我的淳朴的道德习俗中，我看到了，爱与天真在心中并存的这一甜蜜而又短暂的状态，正在为我长久地延续下去。但是，她却把我远远地打发走了。[1] 一切都在让我怀念她，我必须回到她的身边。这一回归确定了我的命运，在我拥有她之前的很长时间里，我就只是活在她心中，就只是为她才活着。啊！假如，就像我有了她便于心足矣，便别无他求一样，她有了我也于心足矣，也别无他求，那该多好啊！那样的话，我们将会在一起度过多么恬静、多么甜蜜的日子啊！这样的日子，我们也曾度过，但那好日子是如此短暂，转瞬即逝，而随之而来的又是怎样险恶的厄运！后来的日子中，我没有一天不在怀着深情愉快地回忆起这段日子，这是我生命中真正像样地生活过的唯一而短暂的时期，那时候，我彻底成为了我自己，没有丝毫混杂，没有任何阻碍，我可以说我真正地享受了生活。我差不多也可以说一说古罗马时代那一位禁军军官说过的话了，他在韦斯巴芗[2]治下失宠被贬，谪居乡间，

---

[1] 这里指的是，卢梭在安讷西小城华伦夫人那里住了不久，就被她送到撒丁王国的首都都灵，进了一个天主教的教养院。据说，那是为训练行将参加洗礼的新入教者而建立的。

[2] 韦斯巴芗（公元9—79年），罗马皇帝（公元69—79年在位），罗马帝国第九位皇帝，"四帝之年"（四帝内乱期）时期的第四位皇帝。

他这么说:"惜吾尘世间枉度年华七十载,然我真正生活才七年。"若是没有这段虽短暂却宝贵的时间,至今,我对我自己也许依然还缺乏确定的认识;因为,在我一生的其余阶段,生性软弱的我不会反抗,只会忍让,被他人种种强烈的情感如此地摆布、左右和折磨,以至于在我动荡不安的一生中几乎总是那般消极被动,而那严酷的必然性又无时不刻紧压在我头上,在自己的所作所为中,我实在难以辨别出究竟哪些是出于我真正的意愿了。但在这短短的几年里,我得到了一个无比体贴、无比温柔的女人的爱,我做了我愿做的事,我成了我愿成为的那样一个人,我充分利用了我的余暇,在她的谆谆教诲下,在她榜样的引导下,我最终给予了我那淳朴得如同一张白纸的心灵以能更好与之相符的形式,而让它永远保持下去。我心中滋生出对孤独和沉思的趣向,同时生出的还有作为我心灵养料的种种外向而又温柔的感情。嘈杂与喧嚣束缚并窒息着这些感情,而宁静与平和则振奋并激扬它们。我需要静心冥想才有能力去爱。我说服了妈妈[1]搬到乡间去住。山坡上一栋孤零零的房子就成了我们的庇护所,正是在那里,四五年时间里,我充分享受了整整一个世纪的生活,享受了一种纯真而充分的幸福,它以它的无穷魅力,成功地遮掩了我此生命运中的一切可怖成分。我需要一个称心如意的女友,我拥有了。我渴望乡间的生活,我也获得了;

---

[1] 十七岁的卢梭在来到华伦夫人身边时就称她为"妈妈",她后来成了他的情妇后,他也一直保持着这个称呼。

我不能忍受束缚，我得到了彻底的自由，而且还更甚于自由，因为我只受我的爱好的约束，只做我想做的事。我的全部时间都充盈了热情洋溢的关怀，还有乡野田间的劳作。我别无他求，只盼一种如此甜蜜的状态能延续下去。我唯一的痛苦就是担心好景不长，而这一担忧实在是出于我们处境的尴尬，并非毫无根由。从此，我就一直在考虑，一方面，要好好散心，以排遣这一担忧，另一方面，要找到能预防后果的办法。我想，储备种种才能，是防止贫困的最可靠办法，为此，我下定决心，把闲暇时光都用来做准备，如有可能，就在将来某一天向这个最卓越的女人报答我从她那里获得的帮助。